職場いびり

アメリカの現場から

ノア・ダベンポート
ルース・ディスラー・シュワルツ
ゲイル・パーセル・エリオット 著

アカデミックNPO 監訳

MOBBING

Emotional Abuse in the American Workplace

緑風出版

Mobbing

Emotional Abuse in the American Workplace

by Noa Davenport, Ph.D., Ruth Distler Schwartz,

and Gail Pursell Elliott

Japaese Translation rights arranged with Civil Society Publishing, Iowa USA through Kumiko Ogoshi, Ph.D., the representative of NPO Network for the Action against Academic Harassment, Osaka, Japan.

・〜・推薦のことば・〜・

本書の詳細かつ信頼できるデータをみれば、読者は、学校や職場の各階層で日々、普通に起こっている事柄の恐ろしさに気付くはずです。ことに職場では、従業員のやる気や会社の生産性、また、人間としての幸福が徐々に破壊されていっています。本書は、集団いじめを受けた人や、いじめをやめさせる責任のある人が読むように書かれた本です。言い換えれば、私たち皆のための本なのです。

ハーヴェイ・A・ホースタイン博士（コロンビア大学）
『残酷な上司とその犠牲者』著者

本書を、管理職の人も社員も、全員が読まれることを薦めます。私は管理職や管理機構から職場いびりを受けた社員も、また一方、社員からいじめられた管理職も知っています。最近になってはじめて、この職場いびり状況に、「Mobbing（モビング）」という名が付けられました。この、洞察力にあふれた、有意義な本書によれば、管理職にも社員にも手段はあるのです。すべてのビジネス・スクールは、本書を必読書リストに載せるべきであり、企業の人事部門では、図書室に備えておくべきです。

ジェイムス・A・オートリイ
『愛と利得――リーダーシップを育てるこつ』著者

この意欲的で包括的な書は、職場という世界にいる人々が熱に浮かされたように、心の優しい快活な精神を破滅させようとして残酷な行為を行なうことを『モビング――職場いびり』と定義し、そのような時でも自分たちは選択肢を持っていることを思い出させてくれ、励まし、協力的なグループや団体に呼びかけて、人の精神を破壊から守ってくれるのです。

ゲイリー・ナミ博士
『職場のいじめ』共著者

本書の特徴は、集団でいじめられれば、いかなる理由があろうとも、本質的に同じ結果に至るという点を明らかにしていることです。よく調査され、包括的ですばらしい本ですが、また一方、本書は、職場いびりの被害者自身の声を至るところに記載していてわかりやすく、人をひきつける本です。教室で、直接に話を聞いている学生のように、この本の読者は、自分自身ではないにしても、少なくとも自分の知っている仕事仲間のことを思い出すでしょう。本書が発行されて、一度読むと、悪夢は過ぎ去り、人生の再建が始まります。職場いびりの被害者にとって、本書は、悩みをいやす贈り物であります。

ケネス・ウェスチュース博士
『追い出される教授——放逐への道』著者

本書は、一般的いじめ・嫌がらせに関する、私たちの意識を高め、やりがいのある、立法上、政治上の革新へと導いてくれる。アメリカ社会が、肉体的暴力に注目し、職場での精神的虐待を見落とす傾向がある現在、この本は、この傾向を見直すための手段として、なくてはならないものです。

リチャード・V・デーネンバーグ
『暴力の多い職場』著者

本書は、職場生活の暗い面を理解するには、最も重要な本の一冊です。驚くことには、職場いびり行為の事件が明らかに増加しており、絶望感の増大や職場での暴力に至っています。

エドワード・S・ベック博士
サスキーハンナ研究所所長

私は、本書を相談者のために数冊買いました、また、顧問をしている会社にも数冊送りました。また、私の相談者で労働訴訟をしている人や訴訟をしようと考えている人全員に、本書を送ろうと考えています。

C・ブラディ・ウィルソン博士、臨床心理医
『職場いじめが蔓延している企業』著者

本書は、労働問題を扱う弁護士の必読書である。

スコット・H・ピーターズ弁護士
ピーターズ法律事務所、P・C・カウンシル、アイオワ州

本書は、職場での精神的虐待をよく理解できる本です。今や、職場でのいじめ、生け贄、いびりは、世界的に広がっている事象です。本書の助言によって、ようやく、変革がなされるでしょう。

チョンシー・ヘア、セラピスト
『職場の虐待――その見抜き方、対処法』(ジュディス・ワイアット)の共著者

労働者の救済者は不公平にも追い出されてしまった。私は最初「職場いびり（モビング）」という言葉にしりごみを感じました。しかし、読むにつれ、職場いびり現象の話が、ちょうど私が経験したのと同じことを非常に正確に説明していることに気づきました。そうして私は、かなり速く自分を責めることから抜け出すことができました。今や本書は私にとって、まさに文字通り救世主です！

ダニエル・G・クラーク
クラーク共同会社

本書は、すばらしい。私は、職場いびりの多くの例を永年にわたって見てきました。そして、それが破壊的であることに同感の意を表します。集団的狂気とたくさんの映像、何ということだろう。大きな話題の偉大な本！　本書は重要で必要なものを提供している。

トム・ゴールディン
『ヘビが飲み込んだもの』著者

本書は、レイマン博士の概念をアメリカに導入した！

ニューズウィーク国際版、二〇〇〇年八月一四日

謝辞

本書は、インタビューに応じていただいた方々の協力によって完成したものです。彼らの話は本書の基盤をなす材料であり、私たちが本当に言いたいことの実例です。私たちのために時間をさいて下さったこと、および彼らの洞察力に、厚く感謝いたします。

本書の草稿を読み、助言を与えてくれた、左記の、私たちの家族および友人にも深く感謝いたします。

アーロン・L・ダベンポート氏、ステファニィ・ダベンポート氏、ウルスーラ・シェニー氏、ジャネット・S・クロン氏、クライド・シュワルツ氏、メリッサ・シュワルツ氏、サテーラとヘルム・スターリン夫妻、ジェームスとジーン・バーメン夫妻

次の諸氏には、関係のある章あるいは草案全体について目を通して批評をいただきました。私たちの考え方が洗練できたのはこの諸氏のお蔭によるものです。

マーク・ベネット氏、ベニー・ケンプ氏、ポール・ランバキス氏、ダニエル・マグワイヤ氏、

ディビット・ヤマダ氏

次の諸氏には、文献引用の承諾、激励、有意義な論評、あるいは文献の紹介や最新の研究のご教示に対して、感謝いたします。

キャロル・ブロッドスカイ氏、デニス・ブラウン氏、ダン・クラーク氏、マリー・L・ハンソン氏、スティーブン・L・ハワード氏、ローライ・キーシュリイ氏、キャシイ・メイヤ氏、ニコル・ラフター氏、シャーロット・レイナー氏、キャシイ・スキナー氏、ティム・テイラー氏、ケニス・ウェスチース氏

情報提供をしていただいた、左記の相談顧問の団体諸氏にも感謝の意を表します。

ドン・グローブ氏：アイオワ州公民権委員会前委員長
ジョン・E・ハイトランド氏：アイオワ州労働局労働者補償委員会次長
ミカエル・R・ホフマン氏：労働者補償・企業問題専門弁護士
ナセニア・ジョンソン氏：サタン・コーポレーション社人事システム・コンサルタント
バイロン・K・オルトン氏：アイオワ州労働委員会
アルフレッド・パリッシュ氏：訴訟弁護士
アイルス・J・ポスト氏：アイオワ州労働局労働者補償委員
ロビン・ウィンバーン氏：レヴィ・ストラウス社人事部企画課

また、私たちは、サタン・コーポレーション社には経営哲学と紛争解決手順について、レヴィ・ストラウス社には業務規定書と目標達成規定書の部分引用について、本書への掲載を許可していただいたことをお礼申し上げます。

ハイツ・レイマン博士には最初の草案を読んでいただき、多くの助言と力強い励ましをいただきました。私たちは博士と一年間連絡を取りあい、一九九九年一月の博士の死去の直前に、本書の「まえがき」の文章をいただきました。レイマン博士のご助力に、永遠の感謝を捧げます。

・〜・〜・

この書を
職場のいじめに関する研究の先駆者
亡きハインツ・レイマン博士に
捧げます。

また、
著者ノアの夫、アロン・L・ダベンポートに、
著者ルースの亡き母、エレノア・ディスラーと
娘のレベッカ・シュワルツ、メリッサ・シュワルツに、
著者ゲイルの子供たち、デレクとブレイク・エリオットに
本書を捧げます。

・〜・〜・

・〜・著者　覚え書き・〜・

私たちは、侮辱《ぶじょく》、いやがらせ、中傷などの精神的虐待《ぎゃくたい》を受け、職場を辞めざるを得ませんでした。本書は、私たち三人が各々の会社において、こういうつらい経験をしたことによって出来上がったものです。

しばらくして、こういう精神的虐待が、私たちや同僚だけでなくヨーロッパにおいても、よく起こっていることを知りました。ヨーロッパでは、この現象は、すでに研究され、多くの書籍が著されていました。これらの文献を発見する以前は、私たちは、自分たちを職場いびりの被害者だとは認識していませんでした。私たちは、これら著作の中に私たち三人に起こったこと――いろいろな程度の様々なこと――を発見したのでした。

第一に発見したことは、私たちが経験したものがモビング（Mobbing）――『職場いびり』と訳する――という印象的な言葉で定義されていることでした。

驚いたことは、この特有の現象に関する情報が、アメリカでは、少ししかないことでした。そこで、私たちは、職場いびりを経験した人々を探し出し、彼らの話を集めて本を編纂《へんさん》し、アメリカ人に向けて提供することにしました。

私たちは、ドイツ人の産業心理学者、医学研究者で、スウェーデン在住のハインツ・レイマン博士に最も強く影響を受けました。彼は、最初に、この現象に光を当てた人でした。彼はこの現象を定義し、モビング（Mobbing）という名前を与え、そして一九八二年以来休むことなくスウェーデン、オーストリア、ドイツ、フランス、イギリス、日本、オーストラリアについて研究を続け、成果を発表してきました。本書も、彼の洞察、識見に負うところ大です。

本書の目的は、アメリカの一般市民に自覚を促し、警鐘《けいしょう》を鳴らすことです。アメリカの職場におけるいじめ・嫌がらせを見つけだし、そういう行為を故意に引き起こそうとする人に警告を発し、また、タイムリーで適切な防止の行動をおこすことを助けたいのです。

最も急がなければならないことは、アメリカ社会の労働者が、この社会現象の本質、複雑さ、重大さを理解することです。私たちは、アメリカの労働者に次のように言いたいのです。「モビング――職場いびり」と呼ばれる現象が職場にはあります。同僚のある種の行為は、あなたをいじめ・いやがらせの犠牲者にしてしまいます。もし、そのようなことが起こっても、あなたは一人ぼっちではありません。あなた自身を守る方法があります……と。

私達は管理責任者、人事担当者、組合、健康管理者、保険会社には次のことを知らせたいのです。「モビング――職場いびり症候群」と呼ばれる精神的外傷疾患があります。扱いにくい人や精神的または肉体的疾患にかかった人は、職場いびり（モビング）の被害者である可能性が高いのです……と。

私たちは家族や友人に次のような提案をしたいのです。あなたの愛する人が職場いびり（モビング）にあっているときには、あなたの全面的な支えが必要です。彼らが深く傷ついていることを理解してあげてください。あなたが救えるのです。

大規模な啓発キャンペーンが、レイマン博士の研究に刺激されて、特にスカンジナビアやドイツ語圏の国々において行なわれましたが、こういうキャンペーンは、会社組織が職場いびり（モビング）に対策をとることを推し進める力となりました。その結果、ヨーロッパの多くの人々は支援や保護を得ることができるようになりました。

私たちは、本書が、このアメリカで、同様の力となるよう願っています。本書によって、新しい、もっと多くの研究が推進されることを期待しています。人々を職場いびり・いじめから保護する新しい適切な法律が制定されること、そして法的措置の選択が増加することを期待します。適切な治療に対する新しい知見が得られることを願っています。

以上のように、本書は、職場いびり（モビング）の被害者のための、自己救済の手引書となるよう意図しています。遅くならないうちに、精神的・身体的健康に重大な影響が出ないうちに、力を得て苦難を乗り越えられることを祈っています。

第二版　序文

本書第二版は初版をほんの少し書き変えただけです。すでに関係のなくなったいくつかの情報を入れ替え、一九九九年以降発行された本や記事を参照に加えました。

本書の発行以来、私たちが受け取ったのは前向きの反響だけでした。私たちは、何百人もの多くの人が喜んで私たちに書き送って下さったことに感謝いたします。このことで、自己救済の書を提供するという私たちの当初の目的がかなえられたことを確認できました。

職場での暗い面や職場いびりやいじめが自分自身、健康、組織、社会に与える破壊的な影響についての認識が、アメリカやカナダで徐々に大きくなっています。私たちの北アメリカにいる同僚は、まだ数は少ないですが、関心が大きくなるように努力をつづけています。たとえば、二〇〇〇年以降アメリカ合衆国では、この問題について三つの会議が、カリフォルニア州、マサチューセッツ州、アイオワ州で開かれました。オレゴン州の環境保護局は、合衆国で最初の職場いびり対策を策定しました。また、カリフォルニア州やカナダのいくつかの州では職場いびり対策の立法化へ向けて努力がなされています。また、職場のいじめに関する専門のホームページがあり、相談や助言をおこなっています。コロンバン高等学校（訳者注：一九九九年四月二〇日、コロラド州のこの高校に二人の若者が銃を持って乱入し、多くの死傷者を出し、自殺した事件）や他のいくつかの学校での悲劇的な乱射事件の後、学校におけるいじめの問題は熱心に報道され議論されるようになりました。これは、同時に大人の職場におけるいじめ・いびりの問題に関する関心を呼び起こすことになりました。

私たちは、職場いびりの問題をメディア、法人、企業組織に訴え続けています。また、訴訟事件の場合には、専門家としての証言をおこなっています。最後に、特に述べておきたいことは、本書がいくつかの大学で教科書として利用されていることです。

アメリカでのこういう動きに平行して、世界各国でさまざまな動きが出はじめています。大規模な国際会議が二〇〇二年にオーストリアで開催されました。また、二〇〇四年には中国でシンポジウムが開催されることになっています。二〇〇二年一月、フランスは、職場いびり禁止法を制定しました。そして最も注目すべきは、ドイツでは、職場いびりによる健康影響が職業病として認められおり、EUでは、産業労働安全上の健康リスクとして認識されるようになりました。本書は、日本でも関心を呼び、日本語訳がこのほど出版されました。

本書が、北アメリカはじめ世界中で、これらの動きを加速する一助となることを切に望んでいます。

職場いびり
―アメリカの現場から―
目　次

第四章
職場いびり（モビング）にたちむかうには・151

第五章
家族と友人――家族と友人におよぶ影響、そして彼らにできること・187

第八章　職場いびり（モビング）と法律・267

第九章　自覚すること・287

まえがき

本書は、いじめ（bullying）という言葉でも知られている職場いびり（モビング）についての最近二〇年間の研究をまとめた、アメリカで最初の本である。

この現象は、子供の間では一九八二年以前にあったことが知られているが、大人の職場においては、確認されていなかった。

職場におけるいじめを確証するためには、新しい研究手段の開発が必要であった。職場いびりは、コミュニケーション論の分野ではまだ注目されていなかったが、労働衛生分野ではストレス因子として注視されていた。そこで、研究課題として、以下の疑問が出てきた――職場いびり（モビング）を極度の精神的圧迫として定義した場合、どの程度の強さの圧迫に人間は耐えられるのだろうか？　どの時点で、職場いびり（モビング）は病気をおこすのか？　その限界は、どこなのか？

この二〇年間で、職場いびり（モビング）の原因と影響についての多くの研究がなされた。本書はこの研究成果を卓越した方法でまとめたものである。特に、対処の手段をおしえている章は、苦しんでいる読者にとって、貴重な助けとなるであろう。

今日では、調査研究は、仕事から追われた被害者の、その後の後遺症《こういしょう》に関してもおこなわれている。被害者が汚名《おめい》をきせられて追放された後、彼らは、幾年もの間、自分自身をどうすればよいのかわからない状態になってしまうことが多い。彼らは、ひとりぼっちの孤独感におそわれていた。彼らの社会的環境もなくなってしまっていた。彼らは、生活していく方法がなかった。現在、我々は、まだ、これらの後遺症について、充分な知識を持ちあわせていない。

職場いびり（モビング）に悩まされた労働者人口の大きさをはかる統計学的研究もまた、重要である。更にまた、次のような調査研究も重要である。

1 職場いびり（モビング）で被害を受けた人が、慢性的な病気にならないためには、どのような治療処置が有効なのだろうか。
2 被害者が労働職場に復帰するためには、どのような職業訓練をすればよいのだろうか。
3 職場いびり（モビング）被害者に対して、法的保護がどのように強化できるのだろうか。
4 市民社会に住む人々が守られ、悪影響を受けないようにするにはどうしたらいいのか？

本書は重要な書物であり、十分な成功をおさめられんことを祈る。大きな苦しみに光があてられ、苦しみを減じるための知識が得られることを祈念する。

ストックホルムにて　一九九八年一二月
ハインツ・レイマン博士

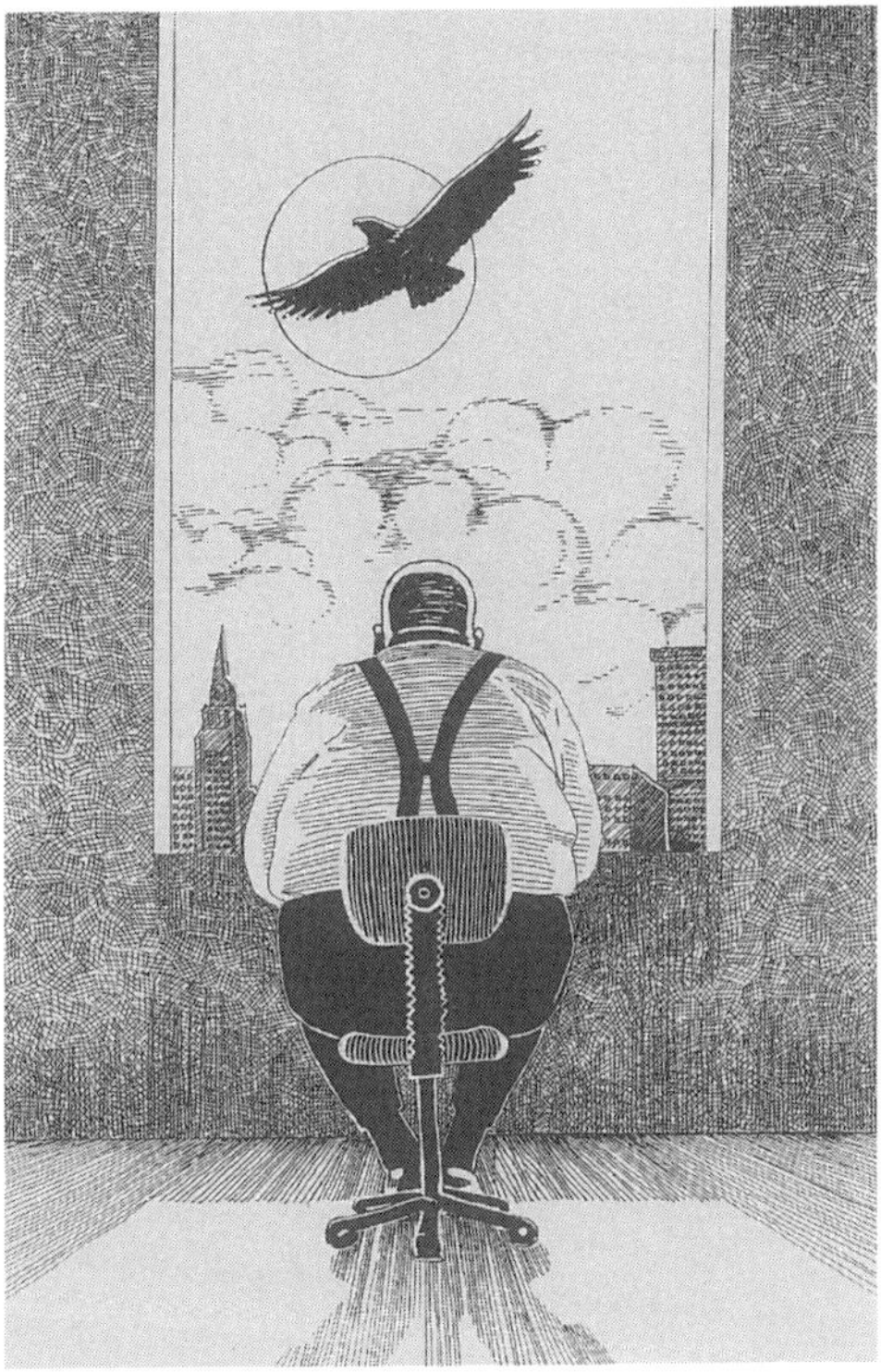

序章

忍耐を超えてしまったとき

ジョアンに抑えの利かない泣き叫びが襲った。彼女はかかりつけの医師から処方された抗不安薬を口にした。生まれて始めてのことだった。経験豊かな管理職だった彼女は、何ヶ月もの間、不完全な情報に基づく決定を強いられた。彼女の判断には疑問が呈され、判断そのものが覆《くつがえ》されることさえ起きるようになった。会議への出席を強制させられると、そこでは彼女は完全な無視に遭《あ》った。達成不可能な締切を提示され、突如として膨大な量の仕事を割り当てられたことで、彼女は精神的に参ってしまった。同僚たちはそこに追い打ちをかけるように、彼女の権威を損なうように密かに策動した。話し合いの末、彼女は会社を去った。

サービス企業のベテラン職員だったショーン。会社は彼抜きで会議を開くようになり、仕事を効率的に進めるための情報を彼に与えないようにした。彼にはつねに侮辱が浴びせられ、仕事にはケチがつけられるようになった。主任や同僚が監視する中、危険な作業を一人で行なうよう強要されることもあった。その結果、彼は仕事中に心臓麻痺で倒れた。ショーンは健康が回復したとの医者の診断を待って職場復帰したが、すぐに解雇されたため、失業補償を求める訴訟を起こした。一審は敗訴だったが控訴審で勝訴し、賠償金を手にすることができた。

ロンは、マネジメントの分野で三〇年以上の経験を積み、ハイテク企業で名声をはせるプロジェクト・リーダーだった。手がけていた大プロジェクトが完成間近になったとき、彼は突然その担当を外された。新しい上司が彼のポジションを横取りした。彼は小さな机に一人取り残され、会議や議論にも一切呼ばれなくなった。数ヶ月したある時、ロンは、顔中を血だらけにしながら呆然《ぼうぜん》と通りを歩いているのに気がついた。彼はその直前、自分で壁に頭を打ちつけていた。後日、上司との感情的なやり取りの後、彼は心臓発作で倒れた。後遺症が残ったロンは、二度と職場復帰することはなかった。

ロン、ジョアン、ショーンのように、アメリカ全土では毎年数百万人が、職場で精神的虐待《ぎゃくたい》に苦しんでいます。その被害は非常に深刻なもので、仕事の継続が不可能になるほどのものです。仕事仲間、同僚、上司、部下によって尊厳を傷つけられ、誠実さや能力について疑われ、被害者は何週間も、何ヶ月も、時には何年もの間、こうした虐待にさらされているのです。そしてついには、自発的に、または不本意ながら退職や解雇、あるいは早期退職に追い込まれてしまいます。このように精神面への虐待によって労働者を職場から排除することを職場いびり――モビング（Mobbing）と呼びます。

皮肉なことに、また悲しむべきことに、モビング（本訳では「職場いびり」と訳する）の被害者は落ち度のある人間、自分から破滅を招いた人間とみられています。しかし先ほどの例を思い出してほしいのですが、ロン、ジョアン、ショーンは、仕事が不出来で、会社の要求水準を下回るという評価を受けていたわけでも、協調性に欠けていたわけでもありませんでした。事実、彼らは有能な社員でした。彼らはその能力によって会社に貢献してきたのだし、長年に渡って勤務を続けていたのです。

あなたは、労働者を保護する組織や法の整備が以前とは比べものにならないくらい進んだ今日では、職場でのこうした行為があるはずはなく、あったとしたら特別な職場だろうと思われるかもしれません。それには三つの理由があります。

一つには、職場いびり（モビング）は時には黙認され、許容され、違った解釈をされることがあります。あるいは、巧妙な戦略の一環として、企業や経営者が『職場いびり』を導入することも現実にはあるのです。

第二に、こうした行動は職場におけるセクシュアル・ハラスメントあるいは性差別と明確に区別されていないので、知られていないのです。

三つ目の理由として、たいていの場合に被害者がくたくたに、精神的に疲れ果ててしまうことが挙げられます。このため被害者は法的措置をとることを考えられず、自分自身を守ることは不可能なのだと思ってしまうことが挙げられます。

職場いびり、いじめ、嫌がらせ
——これまでの研究の概略——

職場いびり（モビング）の元になっているmobという単語は暴徒を指し、その語源はラテン語のmobile vulgus（揺れ動く群集）です。また動詞のmobには「群れをなす、襲う、騒ぐ」という意味があります。

著名なオーストリア人の動物行動学者コンラート・ローレンツは一九六〇年代に、ある動物が自分より強い捕食敵を追い払うときの行動を、モビングという表現を用いて記述しています。例えばガチョウがキツネを追い払うときのように、弱い動物は多数あつまって群れをなし、攻撃的な行動に出ることがあります。(原注1)

その後、スウェーデン人の医師ペーター・ポール・ハイネマン博士（Dr. Peter-Paul Heinemann）は、ある子どもが他の子どもに対して行なう、今日では一般に「いじめ」bullyingと呼ばれる行動を研究し、この行動の深刻さを強調するため、ローレンツの「モビング」という単語を用いました。被害者はいじめによって、時には自殺を考えるほどの疎外感《そがいかん》と絶望を味わいます。博士は一九七二年にスウェーデンで刊行した著書に、『モビング——子どもに見られる集団的暴力』という題名をつけました。

ハインツ・レイマン博士（Dr. Heinz Leymann）は一九八〇年代に、大人の間にも職場で同じような集団的暴力が行なわれていることを発見し、これをモビング（Mobbing）と名づけました。博士はこの行動をスウェーデンで最初に研究した後、ドイツで広く啓発を行ないました。彼は職場で周りから「やりにくい」と言われている人々を研究し、多くの場合こうした人々は最初から「やりにくかった」わけではないことを示しました。彼らの行動が、もともと他人とやりにくいような性格上の欠点から生じているのではなかったのです。博士は、職場環境が、周りからやりにくいと思われる人を作り出していることを発見しました。しかし企業の側は、一旦、その従業員をやりにくい人物だと判断すると、解雇しようとして他にも理由を作り出そうとします。これをレイマン博士は職場いびり（モビング）と名づけたのです。

博士は一九八四年に、こうした発見に関する最初の報告を行ないました。以来今日まで、彼は六〇以上の研究論文と著作を著しています。代表的なものに、『モビング――職場での心理的暴力とその防御術』、『モビングに関する新報告――経験とイニシアチブ、脱出策と有効な助言』があります。(原注2)

レイマン博士の研究に刺激を受け、これまでにも膨大《ぼうだい》な研究が行なわれており、現在もその数は増加しています。特にノルウェー、フィンランドでは研究が盛んであり、他にもイギリス、アイルランド、スイス、オーストリア、ハンガリー、イタリア、フランス、オーストラリア、ニュージーランド、日本、南アフリカで行なわれています。(原注3)

アメリカでは一九七六年という早い時期に、精神医学者で人類学者のキャロル・ブロードスキー博士（Dr. Carroll Brodsky）が『いじめられる労働者』を著しています。ブロードスキー博士は、カリフォルニア労働者賠償訴訟委員会とネヴァダ産業委員会が起こした訴訟をもとに、この本を執筆しています。その訴訟事件は、労働者からの「雇い主、同僚、また消費者から虐待を受けて、あるいは過大な仕事の要求をされることとよって、体調を崩し、労働の継続が困難になった」という被害を訴えたものです。(原注4)

ブロードスキー博士は、「ハラスメント（嫌がらせ）」とは、「ある人物を苦しめ、疲弊《ひへい》させ、ストレスを感じさせ、何らかの反応を引き出すために、繰り返し執拗《しつよう》に行なわれる攻撃を含む」行動であるといっています。「それはまさに、ある人物に執拗な挑発を加え、プレッシャーや恐怖を与え、脅迫を行ない、さもなければ不安を感じさせるような行動」なのです。ブロードスキー博士は、こうした嫌がらせによって精神面と肉体面での健康とともに、労働者の生産性が広範かつ深刻に損なわれることを指摘し、訴訟は「現実に発生している事態に比べれば、ほんの氷山の一角に過ぎない」と言い切っています。(原注5)

レイマン博士は一九八四年に職場いびり（モビング）を初めて定義したとき、「モビングとは、多くの場合、一人に対して一人から数名が体系的に行なう敵意に満ちた非倫理的なコミュニケーション」を始めとする「心理的暴力」だと定義しています。

職場いびり（モビング）の被害者となった人は、孤立無援の立場に追いやられます。いびり、いじめ、嫌がらせは、非常に頻繁《ひんぱん》に、また長期にわたって行なわれるのです。(原注6)

ブロードスキー博士とレイマン博士は共に、このような行為が頻繁かつ長期的に行なわれることを強調しています。

ジャーナリストのアンドレア・アダムス（Andrea Adams）は一九八八年、イギリス放送協会（BBC）でシリーズ番組を制作し、英国で初めていじめ現象の存在に注意を促した人です。彼女は、一九九二年に『職場いじめ――その傾向と対策』を出版し、「いじめ」を、多くの場合、経営者側の同意の下で行なわれる「執拗なあら探し」と「個人の尊厳に対する中傷」と定義しています。

一九九七年にはいじめ被害者への支援を目的として、アンドレア・アダムスの名前を冠した基金が設立されました。この基金を使って、いじめと虐待を目的とした職場内での電子メールにまで範囲を拡げた調査が行なわれました。この調査によって、電子メールのきついやり取りの「爆発」、あるいは電子メールだけでなく音声メッセージも含む性差別的、人種差別的虐待の存在が明らかになったのです。

イギリスでは、この他にもティム・フィールド（Tim Field）が『いじめの考察』（Bully In Sight）を著しています。一九九六年に出版されたこの本は、ハンドブックとして、職場でのいじめを見分け、対処する方法を詳しく記しています。彼はいじめを、「他人の自信と自尊心に対する執拗で冷酷な攻撃」と定義し、こうした行動の根本にあるのは、他人を支配し、従属させ、抹殺《まっさつ》したいという欲望であると論じています。またフィールドは、加害者が自分の行動の責任を一切認めないことも合わせて指摘しています。（原注7）

イギリスをはじめとする英語圏の国のいくつかでは、このいじめ（Bullying）という用語が、レイマン博士がモビング（Mobbing）と名づけた行動の多くを指しています。この二つの用語はある程度、置き換え可能です。イギリスでいじめ行動を研究するシャルロット・レイナー（Charlotte Rayner）は、「いじめの意味内容とモビングの意味内容は、現時点では多少重なるところがある」といっています。（原注8）

ILO（国際労働機関）は一九九八年に、ダンカン・チャペル（Duncan Chappell）とヴィットーリオ・ディ・マルティノ（Vittorio Di Martino）の報告書『職場での暴力』を刊行しています。この報告書は、職場いびり（モビング）といじめ（Bullying）を、殺人やその他の一般的な暴力行動と並べて論じています。（原注9）

アメリカとカナダの状況

キャロル・ブロードスキー博士が一九七六年に発表した、いやがらせを受けた労働者についての研究が、職場での虐待行動を指摘していたにもかかわらず、アメリカではモビングが職場の問題であるということが、あまり認識されていませんでした。しかし現在そうした状況は変わりつつあります。

レイマン博士の論文「職場でのモビングと心理的恐怖」が、一九九〇年にアメリカの専門誌『暴力と被害者』に掲載されました。（原注10）

一九九一年には『人事ジャーナル』誌が、職場での心的外傷を専門にする臨床心理学者C・ブラディ・ウィルソン（C. Brady Wilson）の論文を掲載しています。この論文は、従業員への意図的あるいは非意図的虐待によってアメリカ企業は数十億ドルの被害を受けていると指摘し、「いびり・いじめ・嫌がらせが原因で発生する病気と心理学者が定義する職場での心的外傷は、従業員と経営者双方にとって、職場で発生するあらゆるストレスを合わせたよりも、甚大《じんだい》で破壊的な損害を与える問題である」と論じています。(原注11)

コロンビア大学の社会心理学教授ハーヴェイ・A・ホーンスタイン博士(Dr. Harvey A. Hornstein)は一九九六年に、『残酷《ざんこく》な上司とその犠牲者――職場での虐待を見抜き、打ち勝つ方法』を著しています。ホーンスタイン博士の言う「残酷な上司」とは、フィールドとアダムスのいう「いじめっ子」bullyにあたります。これら二つの言葉にはともに心理的な攻撃のニュアンスがあるのです。

ここ数年間、職場での虐待を研究する北米の研究者が増えています。ワシントン大学の大学オンブズマンであるロイス・プライス・スプラトレン(Lois Price Spratlen)は一九九五年に、「職場としての大学での虐待を含む個人間の争い」を『暴力と被害者』誌に発表しました。彼女は「職場での虐待」を次のように定義しています……「受け手が、ありがたくない、好ましくない、むちゃくちゃだ、不穏当だ、いきすぎだ、あるいは人権侵害だと感じるような――性差別や人種差別ではない――行動あるいは事態」(原注12)

ウェイン州立大学、都市・労働問題学部、大学院紛争解決課程研究主任、ローラリー・キーシュリー博士(Dr. Loraleigh Keashly)は、職場における「精神的虐待」という表現を用いています。博士は、一九八〇年代から九〇年代の北米での、「性差別的または人種差別的な内容を直接には含まない、他人を服従させることを目的とした言語的または非言語的敵対行動」に関する研究を集めて分析しています（原注13）。

カナダ・オンタリオ州、ワーテルロー大学の社会学教授ケネス・ウェスチュース博士（Dr. Kenneth Westhues）は一九九八年、研究機関での職場いびり（モビング）の恐怖を扱った皮肉交じりの本『追い出される教授――放逐への道』を出版しました（原注14）。

一般向けの書籍の中にも、この現象を扱ったものが増えています。例えば、エミリー・Ｓ・バスマン著『職場での虐待』（Emily S. Bassmann, Abuse in the Workplace, 一九九二年）、ジュディス・ワイアットとチョウンシー・ヘア共著『職場の虐待――その見抜き方、対処法』（Judith Wyatt and Chauncey Hare, Work Abuse: How to Recognize and Survive, 一九九七年）があります。

またマスコミでは、現在モビングと呼ぶことができる職場での虐待行動が、職場でのいじめとして何度も取り上げられています。例えば一九九八年一一月には、ＴＶ番組「オプラ・ウィンフリー・ショー」は「いじめる上司」というタイトルで番組を制作し、複数のゲストに出演してもらって自らの体験を語らせています（原注15）。

この問題が知られるようになったことで、労働者の支援団体が結成されるようになり、一部はインターネット上で活動しています。こうした組織の一つ「反職場いじめキャンペーン」（ＣＡＷＢ）は、ルース・ナミ博士とゲイリー・ナミ博士（Drs. Ruth and Gary Namie）が代表を務めるカリフォルニアの団体です。この団体の活動内容と、書籍『職場のいじめ』（The Bully at Work）はインターネット・ホームページ上で読むことができます（原注16）。作家でコラムニストのボブ・ロスナー（Bob Rosner）は、インターネット・ホームページ「傷つき働く人たちへ」(Working Wounded)で、不満を抱える労働者に助言を行なっています。

「いじめ」(bullying)あるいは「モビング」(mobbing)という語でインターネットを検索すれば、その多くは子どものいじめ行動を扱うものではありますが、数千のホームページがヒットします。レイマン博士は七年前にホームページを開設し、モビングの見分け方、その影響、対処の仕方についてたくさんの情報を提供しはじめました。このサイトは彼の死後、同僚の手で現在も続けられています。(原注17)

職場いびり(モビング)の現状

一九九〇年にスウェーデンで行なわれた広範な調査によって、労働者人口四四〇万人の三・五%、つまり約一五万四〇〇〇人が当時、職場いびり(モビング)の被害を受けていることが明らかになりました。(原注18)レイマン博士はまた、スウェーデンの自殺者のうち一五%は職場での職場いびり(モビング)が直接の原因となったと推計しています。

この割合をアメリカの労働力人口の約一億二七〇〇万人に当てはめれば、じつに毎年四〇〇万人以上が職場いびり(モビング)の被害者になっているか、あるいは被害者となる可能性があることになります。ホーンスタインは『残酷な上司とその犠牲者』の中で、約二〇〇〇万人のアメリカ人が、日常的に――いや、流行といってもいいくらい頻繁に――職場で虐待の被害者となっていると推計しています。なおキャロル・ブロードスキー博士は著者に対し、「ほとんど流行に近い、ではありません。これは流行し蔓延しているのです！」と述べています。(原注19)

職場での心理攻撃の規模は国によってかなり異なります。例えば、イギリスでは、就業期間を通じてみると、従業員の五〇％がある時期に「いじめ」の被害者となっているとの推計が出されていますが、レイマン博士は、スウェーデンでは、その割合は約二五％だろうと推計しています。(原注20)

被害時の年齢の問題を例として取り上げてみましょう。レイマン博士がスウェーデンについて行なった研究の結果は、二一歳から四〇歳の若年層が、他の年代よりも職場いびり（モビング）の被害に遭う可能性が高いことを示唆しています。(原注21) またノルウェーについての研究では、年配の労働者が若年労働者よりも被害に遭いやすいとの結果が出ています。(原注22) 一方、一九九四年のスイスに関する研究では、職場いびり（モビング）の被害はすべての年齢層を通じてみられるといっています。(原注23)

職場いびり（モビング）の被害を受けた後に転職を目指す場合、年齢が高ければ再就職を見つける可能性が少なくなります。これは、彼らが実質的には労働市場から排除されてしまうことを意味しています。スウェーデンでの調査結果によれば、職場いびり（モビング）が原因で心的外傷後ストレス状態に陥る労働者の年齢は四〇歳以上が圧倒的に多いのですが、その重要な背景はこの点にあると思われます。(原注24)

またドイツでの調査結果は、職場いびり（モビング）の被害者が一般職労働者よりも専門職に多いことを示しています。(原注25)

アメリカでの職場いびり（モビング）の状況に関しては、職場いびり（モビング）の被害を最も受けやすい層や、職場いびり（モビング）が特別発生しやすい産業分野を特定するための大規模な調査が現在必要とされています。

ヨーロッパでの職場いびり（モビング）対策の現状

ヨーロッパでは職場いびり（モビング）を扱った著作の出版や、マスコミでの報道が数多く行なわれたため、職場でのいびり・いじめに対する認識が普及しています。スカンジナビア諸国やドイツ語圏では、モビング（Mobbing）はいまや日常語となっています。

スウェーデン、ノルウェー、フィンランド、ドイツでは、精神的な健康の確保を含めた、職業上の安全確保に関する積極的な保護法が施行されており、職場いびり（モビング）に該当する行動を法的に定義しています。例えばスウェーデン国立労働安全衛生委員会は一九九三年に、「職場での虐待に関する規則」を採択しています。

この規則は、職場での虐待に対する予防措置と、予防措置の実施に関する一般的な規則からなっています。規則は職場での虐待を、「従業員個人を標的に攻撃的な手法によって行なわれる、あるいは結果として対象とされた従業員を職場から排除する、執拗かつ非難めいた、または明らかに中傷的な行動」と定義しています。(原注26)

さらにこの規則は「虐待の犠牲となった従業員には、速やかに救済か援助が与えられるべきである。雇用者はそのための専門の措置を行なわなければならない」と定めています。(原注27)

積極的な職場いびり（モビング）対策の例はドイツにもあります。ハンブルク大学病院委員会が一九九七年に病院職員委員会と結んだ協定はその一例です。この協定は、病院内に「職場いびり（モビング）に関する報告、相談、教育、支援、仲介」を行なう相談室を設けることをきめています。(原注28)

イギリスとオーストラリアでも新しい法令の提案が準備されています。

この他の動きとしては、職場いびり（モビング）の被害者を救済する組織が新たに結成されています。職場いびり（モビング）に対処し、被害者を救済し、職場いびり（モビング）の発生拡大を阻止するための方策が、比較的短期間に導入されています。例えば、スイス、オーストリア、ドイツ、イギリスでは電話によるホットラインの窓口が開設されており、カウンセリングや相談を受け付ける窓口の連絡先が日刊紙に掲載されています。

職場いびり（モビング）の被害者の社会復帰の必要性が叫ばれる中、レイマン博士はスウェーデンに専門のクリニックを設立しました。しかし社会保険局からの補助が出なかったために、運営は中止されました。レイマン博士は、主にドイツ、スウェーデン、ノルウェーにいる一七〇〇人余りの患者を治療しました。またドイツ人の精神科医で神経学者のミカエル・ベッカー博士（Dr. Michael Backer）と共同で、専用の治療プログラムを開発しました。

これらの積極的な対策がアメリカでも行なわれるようになることを期待しています。

この本は、職場いびり（モビング）状況が、従業員への精神的虐待となり、多くの場合、被害者の自発的な、または不本意な辞職あるいは解雇へと至る深刻な労働問題であるとの認識を広めるために書いたものです。職場いびり（モビング）の被害者となった人々は深く傷つけられているのです。

私たちは、個人の攻撃行動を想起させる「いじめ」（Bully）という用語ではなく、「モビング」（Mobbing）あるいは「モビング現象」という言葉を用います。「モビング」（Mobbing）には、集団による直接的または間接的な精神面への虐待も含まれています。また「いじめ」（Bully）という言葉は、学校での子どもの間のいじめを指すときに用いられることが多いからです。私たちが「モビング」という用語を使うのは、職場で行なわれる集団的ないじめに対してです。

私たちは、従業員側が、何らかの正当な理由に基づく解雇や処分に見舞われた際に、ここで提供する情報を弁解として用いたり、その措置を職場いびり（モビング）だと言い張ったりすることはないと信じています。そして、本書は職場いびり（モビング）現象が横行していることを指摘してはいますが、また一方、職場いびり（モビング）を絶対に許容しない傑出した指導者が運営する組織が、全米に多数存在していることも付け加えたいと思います。

インタビューの対象者

私たちのインタビューに応じてくれた人々は全員がいろいろな体験の持ち主でした。事例の大半は四〇代と五〇代の専門職の労働者ですが、中には職場いびり（モビング）が始まったときには三〇代だった人もいます。学位を二つ以上取得している人も含まれています。インタビューした人たちの元の職場は、非営利組織（NPO）、大企業、大学、健康管理産業などです。彼らは出身地も、民族的出自も様々です。

インタビューは長時間にわたる場合もあれば、短時間で終了した場合もありました。現在も心的外傷に苦しんでいる人がいる一方で、自己観察を通して自らの経験に対する洞察を語る人もいました。本書全体を通して、職場いびり（モビング）の現実が、彼ら自身の言葉で語られています。

インタビューを受けた人々は仮名で登場しており、職場の詳しい状況についても変更が加えられています。本書でインタビューを引用する際には、彼らの年齢、性別、人種、宗教、民族には一切言及していません。こうした手法を取ったのは、職場いびり（モビング）はこれらの属性に関係なく行なわれることを強調したかったからです。なぜなら職場いびり（モビング）は差別禁止法が適用される人への攻撃的行為ではなく、誰に対しても行なわれる精神面への攻撃であるからです。

・〜・**序章　原注**・〜・

1　Lorenz, Konrad, 1963. Das sogenannte Boese. Zur Naturgeschichte der Aggression. Wien. Page 41.（邦訳『攻撃：悪の自然誌』、日高敏隆・久保和彦訳、東京、みすず書房、一九八五年）Lorenz Konrad, 1991. Here Am I Where Are You? The Behavior of the Greylag Goose. New York.

2　いずれもドイツ語で出版されている。巻末の参考文献を参照のこと。

3　研究状況を概括するには次の論文を参照。Zapf, Dieter and Leymann, Heinz: "Foreword" in: *Mobbing and Victimization at Work. European Journal of Work and Organizational Psychology.* 1996, 5（2）, p. 181.

オーストリアでクラウス・ニードル Klaus Niedl が行なったモビングに関する初めての実証的な分析は一九九五年にドイツ語で発表された。この本には主に北欧諸国での研究成果に関する優れた要約が収録されている。

英語で読める研究成果の要約としては他に、Stale Einarsen と Andres Skogstad の研究への序文がある。"Bullying at Work: Epidemiological Findings in Public and Private Organizations". In: *European Journal of Work and Organizational Psychology.* 1996, 5（2）, 185-201.

ローラリー・キーシュリー Loraleigh Keashly は職場での精神的虐待についての研究成果を要約している。Keashly, Loraleigh, Emotional Abuse in the Workplace : Conceptual and Empirical Issues. In: *Journal of Emotional Abuse.* Vol. 1（1）, 1998.

一九九九年には、ヘルジェ・ホエル Helge Hoel、シャルロット・レイナー Charlotte Rayner、ケアリー・L・クーパー Cary L. Cooper 論文で、先行研究が包括的に評価・分析されている。Hoel, Helge, Rayner, Charlotte and Cooper, Cary, L.: Workplace Bullying. In: *International Review of Industrial and Organizational Psychology.* Vol. 14, 195-230.

またこのほかに、ドイツ人研究者のハラルド・エーゲ Harald Ege は、イタリアで広範囲にわたる調査を行ない、その結果を現地で出版している。スーザン・マレー・シュタインマン（訳者注：シュタイマン氏は南アフリカ在住）は職場でのいじめ体験を「ハイエナうごめく職場」（Corporate Hyenas at Work）と題して公開した。同氏のウェブサイト（http://www.worktrauma.org）も参照のこと。

4 Brodsky, 1976:xi.

5 Brodsky, 1976:2.

6 Leymann, 1996:168.

7 Field, 1996:33.

8 レイナー氏との私信。

9 Duncan Chappell and Vittorio Di Martino, *Violence at Work*, International Labor Office, 1998.

10 *Violence and Victims*, Vol. 5.2., pp. 119-125.

11 Wilson, Brady C. 1991: p.47.

12 Price Spratlen, 1995:287.

13 Keashly, Loraleigh: Emotional Abuse in the Workplace: Conceptual and Empirical Issues. In: *Journal of Emotional Abuse*. Vol. 1（1）1998, pp. 85-117.

14 Westhues, 1998. ウェスチュース博士は、研究機関でのモビングに関する二冊目の著作を準備中である。

15 November 24, 1998. The Oprah Winfrey Show, Bully Boses.

16 「反職場いじめキャンペーン」The Campaign Against Workplace Bullying（CAWB）の連絡先は次の通り。P.O. Box 1886, Benicia, CA 94510. http://www.bullybusters.org.

17 The Mobbing Encyclopedia; http://www.leymann.se.

18 Leymann, 1995:19.

19 Hornstein, 1996.

20 ホエル（Hoel）らは、一九九九年の論文で「これらの国々で使われている実務的な定義には微妙だが重要な違いがあるため、国際基準を確立することは困難である」と記している。Hoel et. al., 1999 :198.

21 Leymann, 1996:175.

22 Stale Einarsen and Anders Skogstad: Bullying at Work: Epidemiological Findings in Public and Private Organizations. In: *European Journal of Work and Organizational Psychology,* 1996, 5（2）, 185-201.

23 Schuepbach, Torre, 1996:152.

24 Leymann & Gustafsson, 1996.

25 Grund, 1995:96.

26 Statute Book of the Swedish National Board of Occupational Safety and Health. Ordinance（AFS 1993:17）. *Victimization at Work*, Section 1.

27 Statute Book of the Swedish National Board of Occupational Safety and Health. Ordinance（AFS 1993:17） *Victimization at Work*, Section 6. Swedish National Board of Occupational Safety and Health, S-171 84 Solna, Sweden. Tel. +46 8 730 9800; Fax +46 8 730 1967.

28 Dienstvereinbarung: Anlaufstelle zur Loesung von Konflikten am Arbeitsplatz. Universitaets-Krankenhaus Eppendorf, Matinistrasse 52, D-20246 Hamburg.

M BROWN

第一章

職場いびり（モビング）とはどのようなものであり
どのようにして起こるのか

私が悪事が殺人と関りがあると言う時は、身体の殺人に限定するつもりはない。悪事は精神をも殺すものだからである。

—M・スコット・ペック

『うそをつく人々——よこしまな性格が治る可能性』

・〜・〜・〜・〜・

職場いびり（モビング）とは精神的な威嚇行為《いかくこうい》です。一人の個人が敵意のある有害な行為を受け始めたときが職場いびり（モビング）のはじまりなのです。当てこすり、陰口、信用を傷つける行為などによって、敵対的な環境（hostile environment）が生じます。ある一人の人が、周囲の人を仲間に引き入れて（その中には嫌々ながら仲間になった人も、進んでいじめに加担する人もいる）、皆で嫌がらせの行為を続けて、ついには、その人を職場から追い出してしまう、そのような状況が敵対的環境（hostile environment）です。

このような行為はだんだんに激しくなり、虐待や暴力的な行為に発展します。会社の組織が、この行為を止めることをせず、あるいは、率先して計画したり、または大目にみて許す場合、被害者はますます希望がないと感じるようになります。

その結果、被害者は苦痛がつもり、病気となって社会から孤立してしまいます。しばしば会社の生産性に影響があらわれ、被害者は日々の重圧や苦痛からの回復をはかるために病気休暇をとり、職場から離れようとします。鬱病《うつびょう》や事故が起こることもあります。その後は、辞職、退職、早期退職、自己退職あるいは解雇がおこります。

被害者にとっては、この職場いびり（モビング）物語の最終章は、病気または自殺による死となりかねません。

組織にとっては、職場いびり（モビング）は、一種の癌のようなものなのです。癌のように、はじめは一個の悪性化した細胞で、それが急速に拡がり、生きている組織を破壊してしまうのです。早期の段階で、治癒処置を取らなければなりません。

「誰にでも」おこる攻撃――職場からの追い出し

職場いびり（モビング）は「誰にでも」おこりうることです。年齢、性別、種族、宗派、国籍、障害、妊娠などの差別によっておこされる嫌がらせ、虐待あるいは暴力行為というよりは、誰に対してもおこされる敵対行為なのです。その目的は、人を職場から追い出すことです。

この行為は積極的攻撃と消極的攻撃の二つの型に分類できます。これらの攻撃の方法は、攻撃者により微妙にことなります。特に、消極的攻撃型は、時には親切で丁重な装いに包んで行なわれるので、特別な注意をはらう必要があります。

病気ではなくて傷害

職場いびり（モビング）の精神神経学的な帰結は傷害です。これは、病気ではなく傷害と名づけるべきであり、この傷害の原因は、意図的な加害に起因するものと考えられます。（原注1）

職場いびり（モビング）類型

ハインツ・レイマン博士は、職場いびり（モビング）として四五項目の行為を挙げ、その特徴によって五つの型に分類しています。次の枠囲みに五類型が示されています。ただし、すべての項目があてはまらなければ類型に分類できないというものではありません。（原注2）

これらの行為は、どれも、卑劣《ひれつ》で野蛮《やばん》であり容認できるものではありません。ただ、これらの行為は、一つだけなら、一時のことだと思って耐えようとしたり、あるいは、こんなことをする奴には罰が当たるにちがいないと考えて無視することができるのかもしれません。そして、これまでにも、皆、そうしようとしてきたのです。しかしながら、これらの行為が連続的にかつ種々に変化して表われてくれば、それは意図的な虐待であり恐怖を呼び起こすものです。

アメリカでは第3型に属する差別行為のいくつかと、第5型に属する身体的な攻撃の全てが違法であり、五〇州全土にわたって法律が制定されています。この被害を受けた人が民事訴訟をおこそうとすれば、そのための充分な法律的基礎があります。類型1、2、4に属する項目のほとんどは、経営者の権限内に入ると思われます。最悪の経営管理であっても、現状では、訴訟を起こせる法律的根拠はありません。例外として——一つは、口答であれ、文書であれ、脅迫《きょうはく》があった場合。もう一つは、同僚があなたに話しかけないように職制が命じた場合。これらの場合は、訴訟の対象となります。もし、あなたが、無意義でやりがいのない仕事を与えられたり、能力以下の仕事を与えられたとしても、これは経営者の持つ権限の一つとして解釈されるので、訴訟は無理でしょう。

レイマン博士の分類

第1型　自己表現あるいはコミユニケーションに関する衝突

1　上司はあなたの意見を述べる機会を制限してかかる。
2　あなたは絶えず干渉される。
3　同僚や仕事の協力者があなたの意見を述べる機会を制限してかかる。
4　大声で命令されたり声高に叱られる。

5　あなたの仕事が絶えず非難される。
6　あなたの私生活が絶えず非難される。
7　電話で脅《おど》される。
8　言葉で脅される。
9　脅し文句をしたためた文書が送りつけられる。
10　顔色や仕草で以ってつきあいを避けられる。
11　当てこすりを通じてつきあいを避けられる。

第2型　社会上の攻撃

1　人々がもはやあなたと言葉を交わさなくなる。
2　あなたは誰とも言葉を交わせなくなる、人とのつきあいができないようになる。
3　隔離された職場に配置される。
4　同僚たちがあなたと言葉を交わすことを上司から禁止される。
5　あなたが居ないかのように扱われる。

第3型　あなたの評判への攻撃

1　人々が蔭であなたの悪口を言う。

2 根も葉もない噂が流される。
3 あなたが物笑いの種にされる。
4 精神を病んでいるかのように扱われる。
5 精神鑑定診断を強制的に受けさせられる。
6 障害のあることを嘲笑《ちょうしょう》される。
7 人々があなたの仕草、歩き方、声を真似してあなたを笑いものにする。
8 あなたの政治信条や宗教上の信条を笑いものにする。
9 あなたの私生活を笑いものにする。
10 あなたの国籍をわらいものにする。
11 あなたの自尊心を傷つけるような仕事を強いる。
12 あなたの努力が、正しく評価されず、悪い蔑《さげす》んだ判断が下される。
13 あなたの決定に対し絶えず疑いの目を向けられる。
14 あなたを蔑むような名前で呼ぶ。
15 性的当てこすりを受ける。

第4型　職業及び私的生活への攻撃

1 あなたには何ら特別な仕事が与えられない。

2　上司に仕事を取り上げられ、新しい仕事ももらえない。
3　無意味な仕事を与えられる。
4　あなたの能力以下の仕事を与えられる。
5　絶えず新しい不慣れな仕事が与えられる。
6　自尊心を傷つけるような仕事が与えられる。
7　あなたの信用失墜を図って、能力以上の仕事が与えられる。
8　一般的な損害に関して、あなたに金銭的負担を負わせる。
9　あなたの家庭や職場に損害を与える。

第5型　健康への直接攻撃

1　あなたは体力的に骨の折れる仕事を強いられる。
2　身体的暴力が加えられるという恐怖心を起こさせる。
3　ちょっとした暴力を行使してあなたを怯えさす。
4　身体に虐待を加える。
5　あからさまな性的嫌がらせをする。

職場いびり（モビング）の進行過程

強調したいのは、職場いびり（モビング）は、侮辱的な行為が、幾度となく、くりかえし加えられる中で発生することです。これは知らないうちに始まり、たちまちのうちに大きくなり、あっという間に引き返せないところまで進行してしまうのです。竜巻のようにあっという間に発生し、大きな渦に巻き込まれ、どんどん大きくなってゆく。そういう風に職場いびり（モビング）が発生すると、正確にはどんなことが起こるのでしょうか？

レイマン博士は職場いびり（モビング）の進行過程を五段階に区分しています。

段階1　意見の衝突、すなわち対立が特色です。対立、これ自体は、まだ職場いびり（モビング）ではありませんが、職場いびり（モビング）に発展する可能性があります。

段階2　**攻撃的な行動**と、心理的な攻撃が特徴です。潜在的職場いびり（モビング）が行動に移ります。

段階3　そして、**管理者層が巻き込まれます**。まだ、第2段階に至っていないけれども、管理者の状況判断を誤って、悪循環の輪に加わった場合です。彼らは、支援の手を差し伸べずに、孤立化や追い出し工作を始めます。

段階4　被害者は、今や、**気難しい人あるいは精神疾患《せいしんしっかん》にかかっている**との烙印《らくいん》を押されてしまい、危険な段階です。管理者層や健康管理者の判断の誤りは、悪循環を一層加速させ、大抵の場合、除籍してしまうか強制退職へ追い込んでいきます。

段階5　は**解雇**です。解雇された精神的ショックは、更に、心的外傷後ストレス症（PTSD）を引き起こす引き金となります。解雇後も精神的苦痛とそれに伴う精神的疾患は続き、しばしば、よりひどくなります。(原注3)（第三章参照）

職場いびり（モビング）進行の5段階

1　不和
2　攻撃的行為
3　管理者層が加担する
4　気難しい人、あるいは精神疾患にかかっているとの烙印を押す
5　解雇

職場いびり（モビング）の程度

私たちは、職場いびり（モビング）が個人に与える影響の違いを基にして、職場いびり（モビング）を大きく1度、2度、3度の三つの程度に分けました。火傷《やけど》の症度と同様にして、その区分は職場いびり（モビング）を受けることにより、どの程度深い傷や恐怖を負ったかによってあらわしています。

この区分は、科学的尺度を採用するよりも、むしろ私たちやインタビュー協力者がこうむった、体験による影響を尺度として用いました。症度は、因子の数によって決めました。職場いびり（モビング）の激しさ、受けた期間、頻度、被害者の心理状態、受けた教育、過去の経験に加えて、一般的な環境も考慮に入れました。この尺度は、ただ単に、同じ経験をしても人によって受ける影響がちがうということを示しているのです。

1度の職場いびり（モビング）……人は何とか抵抗して早期の段階で逃れようとし、同じ職場あるいはどこか別の職場で十分に復帰を果たす。

2度の職場いびり（モビング）……人は抵抗もできなければ直ちに逃れることもできなくて、一時的あるいは長引く精神障害を被り職場復帰が困難になる.

3度の職場いびり（モビング）……被害を受けた人が職場復帰を果たせない。身体的精神的障害が著しく、極めて専門的な治療計画を適用しない限り回復しそうにない。（原注4）

いうまでもなく、長引くとか、一時的とか、しばしばといった概念は量的に計ることは困難です。その度合いを計る唯一の方法は標的にされた人の主観的判断です。ある人にとって明らかに職場いびりに感じられることが、他の人には職場いびりとは思えないかもしれません。これについては第三章で更に詳しく論じています。

職場いびり（モビング）現象

次に、職場いびり（モビング）の進行過程と、それがどの様に明瞭に顕在化されるかを述べてみましょう。

職場いびり（モビング）は多くの要素から成り立っていて、複合的にからみ合って起こり、人々の健康に多大の影響を与えるものです。そこで、私たちは、これを職場いびり（モビング）現象と呼んで、次のように定義したいと思います。

職場いびり（モビング）現象とは、人をいわれなく非難したり、辱めたり、様々な嫌がらせをしたり、心理的にいじめたり、あるいは脅したりすることで職場から無理やり追い出そうとする意地の悪い企みを指す。

職場いびり（モビング）とは、組織、上司、同僚、部下の中に扇動者（リーダー）がいて、そのリーダーが人を集めて組織的に、頻繁に、いじめ、嫌がらせの行為をおこなうことである。

組織はその行為を放置したり、容認したり、また時には煽ることもあるので、被害者は力と数に対して抵抗できないと感じる。それゆえ、集団的暴力の意味を持つモビング（mobbing）という言葉があてはまる。結果は常に、肉体的あるいは精神的苦痛や病気という傷害を受ける、そして、大抵の場合、職場から追い出される。

職場いびり（モビング）の10の主要因

職場いびり（モビング）現象は、各々異なった一〇項目の要素に分けることができ、それらが複雑にからみあって系統的に、かつ、頻繁に起こる。そして、これら要素が、標的にされた人に及ぼす影響が職場いびりの主原因となる。

1 従業員の尊厳、誠実さ、信頼性、職業能力を損なうことをする。

2 何もさせまいとしたり、自尊心を傷つけたり、脅かしたり、口汚く罵《ののし》ったり、わざと口をきかない。

3 直接に、あるいは間接に、巧妙に、あるいはあからさまに陥れる。

4 一人あるいは多数のスタッフが行なう「弱い人を食い物にする」行為。

5 絶えず何度も、多様なやり方で、しかも組織的に行なわれる。

6 被害者側に落ち度があるとする。

7 評判を落とさせ、困惑させ、脅かし、

孤立させ、無理やり服従させせようとする。

8 人を追い出す意図で行なわれる。

9 職場からの追い出しを本人が辞める選択をしたのだと事実と異なる申し立てをする。

10 組織の管理者が認識せず、誤解したり、無視したり、見てみぬ振りをしたり、行為を助長したり、扇動したりする。

この一〇項目の主要因が組み合わさると、標的にされた人の情緒面や身体の健康が大きく影響され、病死や、事故死や、自殺につながりかねません。

この一連の出来事の唯一の救済策は、職場いびり（モビング）の未然防止、発見、早期の警告、適切な処置なのです。

次に、この一〇個の要因を、さらに深く検討してみましょう。それぞれ異なった話を引用して説明し、分析を試みます。

1 尊厳、誠実さ、信頼性、職業能力への攻撃

ジョアン……私は二七年間仕事をしています。これまではどこでも自分の能力や、成績や、誠実さを問われることは一度もありませんでした。

キャサリン……私が職業について初めて、誰かが私の能力を疑い、私の主導権を削ごうとしていました。もう理解しがたいことでした。

キャロルは職場いびり（モビング）をやりはじめた一人の同僚のことを次のように話しました……彼は私の評判を落とそうとしていました。彼は陰で常に私の中傷をしていました。彼が私の事をどうしようとしているのか、どんなことを言っているのか知らないことは最高に恐ろしいことの一つでした。

ルイスは非営利団体の理事でしたが、副理事長から次のような職場いびり（モビング）を受けました……私が何度か軽い卒中を起こしていたり、初期のアルツハイマー病を患っていて、もはや能力が無くなり、団体を率いていけない状態にあるとの噂が流されました。

以上のように、職場いびり（モビング）は、人々からその人の評判や、仕事上の誠実さや、能力を奪おうとする行為から成っています。職業上の能力を問われることは、その人が信頼されないことを意味しています。信頼されないということは、その人のした仕事は価値がなく、その人自体にも価値がないということになります。**結果は自己の喪失です。この要素が、とりわけ、いびり・いじめ行為のサイクルをうごかしはじめます。**

2　何もさせまいとしたり、自尊心を傷つけたり、脅かしたり、口汚く罵ったり、わざと口をきかない

ダイアナ……加害者の狙いは、被害者を巧みに、あるいはあからさまに攻撃して、他の人を怖がらせて服従させることです。こうして他の人を支配下におくと、加害者は態度を慈悲深い人のように一変させ、集団いじめに加わった人を選んで誉めそやすのです。

選ばれた少数の人も含めて他の人は皆、血をみるようなことは終わりを告げ、自分達は安全だと信じます。こうした状況は、加害者がもう一度公然と支配力を及ぼす必要がくるまでは暫く続きます。

ジュディ……私は一五年間販売員の人達と仕事をしてきて、彼らを友人と思っていました。新しい上司が来て、彼らを一人一人自分の部屋に呼んで私とは接触を持たないようにと命じました。上司は彼らに合わそうとはしませんでしたが、彼らは上司とうまくやっていくより仕方ありませんでした。それから上司は彼らに私の中傷をしたのです。彼らの一人、ジョン

が青ざめた顔をして上司の部屋から出て来ました。彼は信じがたい様子で私に言いました。
「彼は今、信じられないことを言ったんだ」。

意思疎通《いしそつう》を否定することは、他人を侮辱し見下すための手段であり、しばしば自分自身を誇張するためになされます。私たちがインタビューした人たちも経験したように、意思疎通拒否の典型的な行為には、つぎのようなものがあります。

・あなたの面前で軽蔑の笑いをする。
・あなたに関するいやみな冗談を言う。
・噂を立てたり偏見を作り出す。
・あなたの性格をでっち上げて流布する。
・あなたの仕事の能力を中傷する。
・仕事の遂行に必要な情報を知らせないでおく。
・あなたを身体的にあるいは精神的に孤立させる。
・あなたの仕事に関する会議に、あなたを出席させない。
・決まりや規則を頻繁に変更する。
・あなたへの書類をすべて点検する。
・所定の時間枠ではできない量の仕事を要求する。
・責任ある仕事を取り上げ、あなたより能力の劣る人にその仕事を与える。

・怒鳴ったり、ドアをピシャリと荒々しく閉めたり、テーブルの上を拳骨でドンドンと叩いたりと、激しい威嚇《いかく》的行為をする。
・関係のないことで夜中に再三電話を掛けてくる。

ジョアン……ある時点で、私は人事担当重役に言いました。「私は全く孤立してるんです」と。彼は憎々しげに、「それでいいんじゃないか」と言いました。また別の時に彼は言いました、「君も知っているように、君のような立場にいる大勢の人が自殺をするかも知れないね」と。私は「一時的な問題への永久的な解決策ですね。しかし、誰が、私も自殺を考えているだろうと期待しているか、私には解っていますよ」と答えてやりました。

明らかに、この人事担当重役は鈍感で、未熟で、非倫理的で、意地が悪い人です。彼はジョアンを侮辱して、屈辱を感じるようにしているのです。

ジュディ……ある日私が事務所に戻ってくると、そこに彼がいて、私の秘書に囁《ささや》いていました。彼らが、私のことを話しているのがわかりました。彼は、「彼女は電話帳が使えないくらい馬鹿なんだな」と言っていました。ある電話番号が電話帳に載っていなくて、私は出先から秘書に電話をしてきいていたのです。私が、「あなたが、そんな信じられないことを言うなんて。どういうつもりで、そんなことを言うのですか」と言うと、彼は私に向かって金切り声でわめきはじめました。

職場であっても、時に誰かのことを笑って軽蔑したり、人をからかったりするのは珍しいことではありません。友達間では、こうしたことは害にはなりません。多くのホームコメディーでは、繰り返しこの行為を呼び物にしつつも、実際は人々が如何にうまくやっていくかを描いています。異なる状況下では趣旨や意図により、冗談が品位を落とし、歓迎されず、感情面での苦痛の原因となりかねません。ショーンの話が、悪意のある虐待行為の一例です。

ショーン……手術と回復療養のために三日間の休暇を取っていたところ、スタッフや課長から、自宅にひっきりなしの呼び出しと電話攻勢を受け、思い切って出社してきて仕事を終えてしまうようにいわれたんだ。

ロバート……ある女性は僕の名誉を汚そうと画策した。彼女は僕宛の郵便や通信物をすべて開封していた。彼女は、僕が通常一対一で交渉を行なっていた取引先の責任者に、僕がいかにひどい仕事振りであるか、また、いかにその地位にふさわしくないかと陰口を言った。彼女は、私の評価が悪くなるようにしようとした。

他にどのようなことを彼女はしたかって？　彼女はよく僕の部屋に入って机を隈なく調べ、

僕のしていることを探っていた。彼女はまた僕のコンピュータを盗み見しようともしたが、それは成功しなかった。僕が幾つかはディスクに入れて家に持ち帰っていたのでね。彼女は僕が計画をつくった大きなプロジェクトを妨げようともした。それでも、そのプロジェクトは大変成功したのだが。でも、彼女はそのプロジェクトを妨害しようとしていた。彼女はいつかの僕のプロジェクトに関して書類を通さず、そのために僕は、期日までに支払いを受けることができなかった。

3

直接に、間接に、巧妙に、あるいはあからさまに陥れる

ジャック……最初に彼がしたことは店長を馘《くび》にすることだった。このとき僕は店長代理で、僕の他にもう一人代理がいて、彼はその代理を引っぱり込んだ。彼らは毎日会って、仕事全部を僕にはわからないように隠したんだ。

ニール……僕が新しい上司に会わなくなって数週間になります。以前は、僕は、すべての部長会議に出席していましたが、もうどの会議にも呼ばれることはなくなりました。それは大変異様な感じでした。最初は悩みましたが、他にもできることがあるんだと自分を納得させました。僕はじっくりと考えました、それはどういう意味なのか？　どのぐらい続くのか？　そうして何ができるのか？

キャサリン……なぜ突然、これらが秘密会議になったのかと考えました。新しい取締役になる前には、私の会社では秘密会議など先ずお目にかかったことなどありませんでしたから。

私たちのインタビューに応じてくれた人たちは次のような行為があったことを話してくれました。

・何の助けも差し伸べられない。
・約束はされても、守られることはない。
・あなたと目を合わせようとしない。
・接触を最小限に抑えるか全く避ける。
・あなたは無視される。
・侮辱的な仕草。
・陰口をたたく。
・電話の無い部屋にあなたを配置する。
・以前は直接話し合っていた問題が、メモや電子メールで伝えられる。
・以前は仕事の一部であった、大衆やメディアとの交渉をさせない。
・チェックする資格のない者にあなたの仕事をチェックさせる。

・あなたの知らないうちに業務内容が変更される。
・方針が変えられたり、方針どおりに実行されない。
・混乱したメッセージが送られてくる。
・あなたのすることは筋が通っていないとみなされる。
・嵌《は》められる。
・あなたに協力的な人達は信用を失う。
・妄想があるかのように画策される。
・責任や権限を減じたり取り上げたりする。
・有意義な仕事を取り上げ、屈辱的な、あるいは品位を落とすような仕事に変える。
・十分な準備の整っていない仕事を与えて危険を冒させる。
・私生活に攻撃の矛先を向ける。

4　一人あるいは多数のスタッフが行なう「弱い人を食い物にする」行為

加害者は味方の輪――すなわち、「群れ」を築き上げます。一人がいじめを始めると他の人も加わります。

ダイアナ……誰かがこのような環境をつくると、不思議なことが人々の上に起こります。被害者はもはや弱しと見られて、獣の死体の周りを旋回するハゲ鷲のように他の人も集まってその被害者を突くんです。私はこれを集（たか）りと呼んでいるんです。

時には人はリーダに同調しないと勤め口を失うという恐れから加わります。が、往々にして失敗を喜ぶという要素もあります。加わった人たちは、被害者の傷つきやすさを愉快に思っているように思えます。

私の会社では、新しい取締役が着任してからというもの、皆が自分の仕事について不安を抱いていましたから、私は支援を得られず、このため寄って集《たか》って突つかれました。でも根は善良な人達なのに、そのような行為を、したいだけしたことが、未だに理解に苦しむところです。どうして取締役の社員の扱い方に憤慨しなかったのでしょうか。どうして彼らは嫌になったり、気分がわるくなったりしなかったのでしょうか。私は、その取締役が他人を侮辱する行為に憤り感じ、それが態度に出てしまったのです。それで彼の標的になってしまったのです。


いじめの張本人は、取締役であったり、上司であったり、同僚であったりします。部下の場合もあります。それゆえ、職場いびりは組織図からも見て取れるように、上下方向の縦関係であったり、横方向の関係であったりします。

集団を一つにまとめようとする新任の社長や、新入社員の造反を未然に封じようとする上司が、往々にして職場いびりの行為を行ないます。職場の仲間が同じ階層の同僚を攻撃する時は、彼らは同僚を嫉ましく思ったり恐れたりしているのかもしれません。競争を強いる環境では、自分たちの仕事が保持されるようにとの思いから職場いびりが起こります。部下が上司をいびるときは、緊急変更事項の意思決定にあずかれなかったことを憤っているのかも知れず、その上司の職をむやみと奪いたがっているのかも知れません。

ルイス・オーガニゼイションの外部コンサルタントのジャッキーは、かつて彼はそこの社長を務めていたのですが、組織内でどのように事が進行していくかを見る機会がありました

ジャッキー……私の執務室は上級副社長と隣り合っていました。彼が従業員の支持を得ようと基盤固めをしていることが明らかになったので、私は、そのことを社長に知らせ、社長に、彼に注意をするようにと言いました。でも、社長は気にしませんでした。上級副社長は、最有力の役員や、最も積極的に発言する人達と親交をはかり始めました。社長は目立たないでいることを好む人でしたから、上級副社長を信頼し、そうすることを許したのです。

職場いびりが縦横に拡がることは、会社の体質や、会社が階層構造を優先することと相関関係が有りそうに思われます。階層化するほど、縦方向の職場いびりが多く発生し、組織の階層が平坦化するほど、横方向の職場いびりが多く発生します。

次に掲げるのは、縦に下方向に行なわれる激しい職場いびりの一例です。そのイメージは完全な屈辱《くつじょく》を想い起こさせます。

ショーン……副社長が今敷いてあるカーペットを剥《は》がしはじめるように僕に命じました。ホームには障害者がいて、そのうちの一人が、その時僕の周辺を歩き回っていました。ホームの職員は数週間経ってもまだカーペットの掃除をしていなかったと思ってください。僕が、掃除が必要だとホームの管理者や職員に言って、カーペット用掃除機を渡して掃除を頼んであったにもかかわらずですよ。

カーペットはおしっこであちこち汚れて、尿が染みこんでいました。

僕はこのことを指摘して、ホームに人がいるのにカーペットを剥がし始めるのは極めてまずいのではと言い、入所者の人たちがいなくなるまで待てばと提案し、職員が急いで手筈を整えようとしていました。ところが、副社長は直ぐに剥がしはじめるようにと、再び僕に命じたんです。僕はやりはじめました。もう一人上司が彼と一緒にいましたが、無言でした。彼らは二人ともそこに立って、僕が作業をしている間中、僕を監視していました。床に接着剤で接着されたカーペットは引き裂くより仕方なく、骨の折れる仕事です。カーペットは汚れて、おしっこで完全にびしょ濡れ状態で、あちらこちらで接着剤が粘々と汚い状態になり、屑と破片が出ました。彼らはそこに立ってずっと無言で僕のことを見ていました。彼らは家具の移動や、入所者を遠ざけたりする手伝いをしようとも言いませんでした。こういうことがあるのは、今にはじまったことではありません。

ダイアナが集（たか）りと呼ぶものは、往々にして「集団いびり」の発生を伴います。群れ集（たか）る状態は、人に、行動に走るための正当化の口実を与えるか、あるいは、他に何もできなかったという口実を与えます。

5 絶えず何度も、多様なやり方で、しかも組織的におこなわれる

ジェフ……地区担当課長が私のところを訪れ始めました。極めて頻繁にです。それまではおそらく六週間か八週間毎だったでしょうか。それからは、一週間に一度と頻繁になり始めました。

ダイアナ……毎日が戦場に出かけるみたいでした。いつ次の爆弾が落とされるか、わかりませんでした。ひょっとして敵かもしれないと思うと恐ろしくて誰も信じることができませんでした。始終身構えていましたが、やはり、駄目でした。私は心身共に消耗してしまいました。直ぐにでも気分転換が必要なことはわかっていましたが、全く休みもありませんでした。

とりわけ被害者に影響を及ぼすのが、いじめの頻度と、繰り返しと、それが続く期間です。職場いびりが激しくなればなる程、持続期間も長くなり、被害者も深く傷つくことになります。しかし

ながら前にも述べたように、耐え得る限度は人によって異なります。ある人にとってはまだ耐え得ることが、もう一人の人にとっては、耐えがたいことがあります。

6　被害者側に落ち度があるとする

高レベルの仕事をしていたとしても、突然に無能者呼ばわりされ、以前には苦情の原因でもなかった欠点がほじくり出されます。

ジョアン……彼らがファイルを保管していて、私が扱うべき分野なのに扱わせませんでした。どうして「これを私に任せてもらえないのですか」と言うと、彼らはこう答えました。「そうね、あいつは君に任せるのを怖がっていたんだ。」あるいは、「あいつは復讐を恐れているんだ」。またあるいは、「あいつはもうすでにこの件は君に通しておいたのに何の措置も取らなかったと言っていたよ」。

そして私はこれらの事柄のいずれに関しても何も知らされませんでした。もし、わたしが知っていたら、うまくいっただろうにと私の直属の部下たちは言ってました。私は彼らを信じていました。けれど、誰一人としてこの問題に取り組んでいなかったため、私の部署は崩壊を始め、雪だるま式に悪い方向へと向かいました。

私が職を辞した後に、他の部署から誰かが後任として来て、私の部屋の書類をほとんど全部裁断機にかけてしまいました。彼らは私の作ったシステムのすべてと、私の準備した手続きのすべてをぶっ壊してしまい、私の部署は惨憺《さんたん》たる有様で、それがいかにも私の落ち度のためであるかのように見えました。

職場いびりは被害者の健康に影響します。被害者は様々な症状を呈し始めます。すなわち集中力の喪失、これは仕事の効率に影響をおよぼします。病気で度々欠席する、これはその組織に影響をきたします。職場いびりの被害者は今や欠陥を持った人とみなされ、組織は雇用を打ち切りたいと思い、解雇手続きを始めるか、退職を強いる格好の口実とします。

7　評判を落とさせ、困惑させ、脅かし、孤立させ、無理やり服従させようとする

ジョアン……私はどういうことが起こっているのか、また起こっていることの深刻さが解りませんでした。すべての方角から情報を一度に集めて理解しようとしているかのような、混乱した状態でした。

ジャック……僕はいつも任されていた特別プロジェクトから外されてしまった。僕は非常に長くそのプロジェクトに携わっていて、豊富な経験を持っていて、いつも頼られていたんだ。それなのに、他の人は、もう僕には頼らないようにと命じられた。何時も電話をくれていた他店が、僕以外の者に電話をするようにと言われ、僕は無理やり部外者にされてしまったんだ。僕の孤立をはかったわけだ。

最初、僕は、自分は仕事を正しく行なっているのか、また、今でも正しい方法でやる能力があるのかと問い直した。それまでは、行なった仕事に対して僕は幾度も賞賛され褒《ほ》められていたのだけれど。自分が本当にそれまで仕事をしていたのか、いなかったのか、褒め言葉以外の違った判断の仕方を探さなければいけなかった。

仕事仲間や管理者が公然と侮蔑行為をしてきます。これは明らかに追い出しの局面へと繋がっていきます。

8　人を追い出す意図で行なわれる

ジャック……この会社では、課長は滅多に解雇されることはありません、というのは、そのような場合には、社の方針により解雇手当を支払わなければならないからです。一方、自分の意志で退職する者は、何ももらえません。そこで人を追い出すための、この暗黙の了解となっている手段が存在するわけです。それが一〇年前、僕が人材派遣会社を辞めた理由です。この暗黙の了解手段を使って他の人たちを辞めさせるように指示されたことが余りにも度々でした。そうすることは、余りにもつらいことで、もうこれ以上できないと思ったからでした。

ルイスの妻……とりわけ私が困惑したことは、ルイスが会社社長として著しい成績をあげていた時に、このことが起こったからです。私達が町を離れて田舎に行っている間に、遡及解雇通知《そきゅうかいこ》（訳者注――日をさかのぼった解雇通知）がルイスに送られてきました。私達が帰ってみると彼の執務室はすっかり空になっていました。何者かが、引き出しや、衣服入れや戸棚といった物すべてを壁から取り去り、中身を箱に詰めて、私達の家のガレージの外に放り投げてありました。知らせも、電話も、何もなしに。私達は田舎から帰ってきて初めてそのことを知ったのです。

この行為の悪質さは筆舌に尽くし難いものです。あなたの部屋にあった物を、箱に詰め、家の前に放り出していくのですから。

9　職場からの追い出しを本人が辞める選択をしたのだと事実と異なる申し立てをする

ジョアン……私は訴訟を起こそうとしたのですが、解雇手当を交換条件に訴訟をしないという合意書に署名をしました。

ロン……私はその時五五歳で、早期退職勧告を受けましたが、退職を望みませんでした。私は法廷に持ち込み、私の業績への一五年にわたる優れた評価を武器に戦うこともできました。しかしながら、訴訟にお金を捨てるぐらいなら、退職を選んだ方がましです。この位の規模の会社ともなると、顧問弁護士を抱えていて、弁護士達は法廷で争うのが楽しくてしょうがないのです。だから五〇年かかっても法廷闘争を繰り広げることでしょう。それほど長く居ればの話ですが。この会社は訴訟では大概負けたことがありません。実際、数件の訴訟を知っていますが、会社はそのいずれにも敗訴していません。従業員には戦って、戦って、戦い抜く資金がありません。一方、弁護士たちはまさに光のあたる場所を探しているのです。

前にも述べたように、プロジェクトから外され、孤立させられ、無視されて、ロンは新しい上司とそりが合わず、激しい心臓発作を起こしました。彼は完全に障害者となって雇い主のところを去り、決して戻ることはありませんでした（私達がロンに面接したときは、彼がいびり出されてから一四年の歳月が過ぎていましたが、なおも、彼はいじめの経験を詳しく淡々と話しながら、頬には止めどなく涙が伝っていました）。

10 組織の管理者が認識せず、誤解したり、無視したり、見てみぬ振りをしたり、行為を助長をしたり、煽動したりする

ジャック……彼は上司としてではなく、友達としてこのことを教えてくれたのです。彼は危険を承知で、事実どんなことが起こっているのか僕に教えてくれました。彼は、こう言ったのです、「この圧力が君に襲いかかってきている。僕にはどうすることもできないのだ。そうするより仕方がないので、ただ君にそのことを知ってもらいたいのだ」。

つまりは、僕は、四四歳で年を取りすぎて、金のかかり過ぎというわけです。同額の給料で、若者の二、三人も採用できるのですから。

このことを四年前に最初に警告してくれた上司は、僕の業績評価を下げ、懲戒処分をするように指示されたのですが、彼はそれを断りました。不幸なことに、彼はこのことで責められ懲戒処分に付せられてしまったのです、全く謂《いわ》れのない理由をつけられて。

私たちは、ロバートに、置かれている状況下で、どのように助けを求め、加害者の上司から受けた悪い業績評価にどう対処したかを訊ねました。彼は次のように語りました。

ロバート……僕はそれに署名もせず、同意もしませんでした。僕はより高度のことを質問をしましたが、何の返答も得られませんでした。僕は上司のところへ行き、またその上の上司である部長代理のところまで行きました。それからそのまた上の部長のところへ。すると部長が言いました、「こんなことが起こっているなんて信じられない」。でも、なんの処置も取ってくれませんでした。こうしたことが五年間続きました。

この一〇番目の、最後の話では、管理者層が、いじめを無視し、煽動したことが、職場いびり（モビング）現象を増悪させた要因です。いびり・いじめの悪循環が始まったのです。紛争が表面上エスカレートしていって手に負えない状態となり、釈明、話を聞いてもらうこと、詫びをしてもらうこと、どうしたら問題がお互いに合意の上で解決され得るかと言ったプラス志向の提案を見つけだす、有効な方法が無くなったのです。

結論

道義的に見て、被害者がいじめの引き金を引く役割を担っていたかもしれないとしても、すべての組織、あるいは会社においては、第六章に掲げるように、聴聞して適切で有効な方法を提供するための規則、方針、手順があって然るべきです。

性差別、人種的差別、ハラスメント行為については、被害者には法的手段があります。アメリカ合衆国はこれらの行為に対しては市民を保護していますが、職場いびりの行為はもっと一般的な虐待の形なので、たやすく公民権法の適用にはなりません。雇用主や、スタッフは、曖昧な状態で運営が可能です。州によっては、労働者補償法の下に一つの条項を設けて法的にはメンタル――メンタル傷害と言われる、仕事上で被った精神的外傷に備えているところもあります。これは、第八章の「集団いじめと法」で提示されています。

・〜・第一章 原注・〜・

1 ティム・フィールドも、著書『いじめの考察』の中で、「傷害」という用語を用いることを提唱している。
2 レイマン博士、一九九三年：三三頁、三四頁、ドイツ語からの翻訳（日付不明）による。
3 レイマン博士、一九九六年：一七一頁

4　ワイアットとヘア共著『職場の虐待』中の「見分け方および対処方法」だけでなく、レイマン博士のインターネットホームページ上で公開されている対処の手引きも引用した。

5　レイマン博士のスウェーデンでの研究では、対等の人たち間の、水平方向の職場いびりが四四％を占めている。上から下への、上司から部下に対する職場いびりは、三七％であった。そして、下から上への、上司への攻撃は、九％あった。残り一〇％は、上から下への方向と横方向の二つが混ざった混合型であった（レイマン、一九九三年：四七頁）。スイスの研究では、上から下への職場いびりは、もっと頻度が高い（シュープバッハ、トーレ、一九九六年：一五二頁）。

第二章

なぜ職場いびりが発生し、なくならないのでしょうか

組織にとっては波荒き時代である。競争、規模の縮小、労働人口の分布、顧客の要求、指導者の一般的模範像などが急激に変化していることが、分別のある上司に虐待の感情を起こさせたり、意図的な組織ぐるみのいじめが発生する。

——ハーヴェイ・ホースタイン
『残酷な上司とその犠牲者』

・〜・〜・〜・〜・

市民社会や人的資源の尊重を公言している組織において、なぜ職場いびり（モビング）が発生するのでしょうか？

職場いびり（モビング）の発生は複雑で、一つの原因、例えば、威張りちらす上司のせいだけにはできません。私たちは、職場いびり（モビング）は五つの要因の相互作用によって発生していると考えています。それぞれの要因は、個々に働き、相互に関連し、そして相乗効果を発揮して職場いびり（モビング）がおこるのです。

その五つの要因とは、(1)加害者の心理と周囲の状況、(2)組織の文化と構造、(3)被害者の心理、性格、環境、(4)きっかけとなる出来事や対立、(5)組織以外の外部要素、すなわちアメリカの文化的土壊。

これらを個々に、また、相互を関連させて理解していくことが、解決策を見つけ出すことになると思います。そこで、経営管理論や、心理学や、社会学や、人類学や、生物学といった様々な角度から分析をしてみましょう。

加害者の心理と周囲の状況

職場いびり（モビング）をおこなう側の心理分析については、実験研究はありません。でも、加害者の行動は、彼らが人生や差異を尊重することができないこと、不誠実で正直さに欠けること、自分を強く見せたいという自意識の過剰などからきているといえます。これまでの加害者の性格を描写すると、極度に支配的で、臆病で、神経質で、権力志向が強い、といったことがあります。彼らの行動の多くは、不安や恐怖感から来る嫉妬《しっと》や妬《ねた》みゆえであろうと思われます。職場いびり（モビング）は、時には、加害者本人が自分のやっていることが有害行為であると認識せずに、行なわれていることもあります。

加害者の行動や心理が、職場いびり（モビング）の発生原因を探る上での中心となる問題であることは疑いありません。レイマン博士は、人は自分自身の欠陥《けっかん》を包み隠そうとして職場いびり（モビング）に走るのだと言っています。自分の地位や評判についての怖れや不安が、他人の評判を落とすことへと向かわせるのです。（原注1）レイマン博士は人が職場いびり（モビング）をするようになる理由を四つ挙げています。

1 **無理やりでも集団規範に従わせたい。**「もし順応しなければ、去って貰うしかない」がこのような動機に駆られる人の論法でしょう。ある画一的な決まりが存在する場合にのみ、集団は結合力あって強固であるとの信条です。

2 **強い憎しみに陥る。** 人は嫌いな人を追い出すそうとして職場いびりをはじめます。相手が組織のどの階層に属していようと関係ありません。上司であろうと同僚であろうと、あるいは部下であろうと、社会的な偏見からではなく、個人的な嫌悪の感情から、いびりはじめます。

3 **倦怠感《けんたいかん》から逃れる愉しみに。** 残酷なことが好きな性格の加害者は、加害行為をすることが楽しいのです。彼らの主目的は必ずしも被害者を追い出すことではないかも知れません。

4 **偏見を強めようとして。** 人は、ある社会階層や、人種や、民族集団に属する人達を嫌ったり、憎んだりするために、職場いびり（モビング）をすることがあります。アメリカ合衆国では、これは明らかな差別であり、なにびとも差別によるいじめを受けることのないよう公民権法によって保護されています。(原注2)

よこしまな性格

精神科医のスコット・ペック博士は、彼の著書『うそをつく人々』の中で悪い性格についての仮説を出しています。ペック博士は、悪いというのは、「活気や陽気さを殺そうとする、人間の内外両面に存在する強い力のことである」と説明しています。(原注3) 悪い人は、その強い力で「他人の精神的成長を破壊し、不健全な自分自身を保とうとする」のです。つまり身代わりをさがすのです。(原注4)

ペック博士はこう言っています、「彼らは、内心では自分自身が非難されるべきことをしているとわかっているので、他人から非難された場合、その人を猛然《もうぜん》と攻撃する。彼らは、偽装した自己像を守るために他人を犠牲にする(原注5)」。

神権

天から授かった権限。ホーンスタイン博士は著書『残酷な上司とその犠牲者』で上司の「天から授かった権限」について述べています。残酷な上司は、組織の階層の中で付与されている職権を特権であるかのように考え、思うがままに権力を行使できると思っているのです。彼のところにやって来た者は、自動的に下位のものであるとみなされます。(原注6) これらの行動は、ストレスや好成績を要求される状況下ではさらに強まることでしょう。

さらにまた、高い地位を望む人たちは往々にして権力志向です。こういう人たちは本当の意味でのリーダーではなくて、似非《えせ》リーダーです。虐待は弱さや価値がないという気持から生じ、それを

埋め合わせようとして職務上持っている権力を利用するのです。(原注7)

ルイス……その上級副社長は、僕の会社に来る前、大企業に勤めていました。はじめは、僕は、彼を本当に尊敬していました。だから、彼が前の会社を馘《くび》になると、翌日彼を雇いました。最近に到るまで、彼を全面的に支援してきました。今になって、彼が僕の会社で何をしていたのか、わかりました。管理職の一人に、そして最後には僕にもした仕打ちが、彼が今まで随分行なってきたことであった事を知りました。どうも彼はその手のことを随分行なってきたらしいのです。

あるいはまた、ハワードは、次のように言っています……彼らの僕に対する評価は、「君はこの部屋にいる三人に対してよりも役員会に忠実だね」という発言にみられるようなものだったのです。彼らは私を怒らせようと挑発したのです。彼らは、私が反抗的だと見えるようにしました。彼らは劣等感を持っていました。彼等の唯一手に入れたものは権力であって、その権力を私に対して行使していました。彼等は私を南京虫のように、ハエのように叩き潰《つぶ》そうとして、そうする機会を窺《うかが》っていたのです。

脅迫観念に基づく利己主義、慢心した自己評価

ハワードの洞察《どうさつ》はロイ・F・バウマイスターや彼の同僚の説に合致しています。彼らは、「自己中

心であることを他人から批判された場合、人は激しく抑圧的な行動を起こすものである。特に思い上がり、自分に甘い場合、他人から辛い評価をされたとき、こういう行動を起こすことが多い。」と言っています。彼らは、「怒りが外に向けられるのは、自己という概念を低い方向に修正するのを避けるための方法である」と説明しています。（原注8）

彼らの、自己像が脅かされた時の説明は、私たちやインタビュー協力者が経験した多くのことと合致しています。いくつもの事例において、特に「新しい上司」の場合、すぐれた実績を持った直属の部下や自分の業績を上回る、より経験を積んだ「老練の」部下には恐れを抱くことがあると示されています。

優れた資質の部下が居るのを誇りとせずに逆に恐れを抱くのです。

ハワード……僕は改革を支持したくて、彼に、「僕はチームに加えられてますか」と訊《たず》ねたのです。彼は、「そうだ」とはっきり肯定したのですが、どうも、彼は嘘をついている感じでした。

ニール……彼らは誠実そうに言うんだ、「君には、常に近くに居て、チームの一員となってほしい」と。彼らは角を隠して、普通に見えるけれど、実は、それからが……

僕は誠実な人間なんです。でも、誠実は相互交通路のようなもので、向こう側が止まると僕の忠実も止まってしまう。大勢の人は誠実でありつづける。あなたが僕に誠実であることを望むが、でも、あなたの方は僕に誠実でないとしたら？　僕は、しまってあった履歴書を取り出して、使うつもりでいる。

ダイアナ……結局、私はこの行為のせいで病気になったのだと思います。でも最初は、それが新取締役のやり方と思い、何人かの犠牲者が会社からいなくなった後には事態は変わるだろうと思っていました。多分、すべてが正常に戻るだろうと。でも、一時治まったものの、彼は他の社員にも始めたのです。

彼が怒鳴《どな》ったり下品なことを言っている時の様子といったら、誰か他の人がそういう様子をしているのを見たことがありません。彼のいじめ方はサディスティックで、おまけにそうすることで、一種の性的満足感を得たのだと、私には思えます。

ペック博士は悪を分析し、「悪は精神疾患の一つであると定義し得る」との説を立てています。(原注9) しかしながら、誰が、会社のトップが精神を病んでいると思うでしょうか。ところが、こういうことは起こりえます。それには、二つほど理由があります。一つには、役員や他の社員がこういう特質を持っていても、慎重に選ばれたことで、この特質がうまく隠れてしまったということがあります。そしてもう一つは、ホーンスタインが強く主張するように、合理化への鉄拳《てっけん》、即ち社員への職場いびりで評判のゆえに役員に選ばれた場合です。「チェインソー（電動のこぎり）・アル」と『タイムマガジン』誌であだ名をつけられた、リストラコンサルタントのダンラップ氏の場合などがこの例です[原注10]。

自己陶酔的な性格

ジュディス・ワイアットとチョーンシー・ヘア共著『職場の虐待』（原題Work Abuse）では、次のように言っています。

> 臨床的に言えば、社会的にうまく機能できない人は、その人が怖れを抱いた相手に対して力をふるって降伏させようとする、そういう力の行使が権利であるかのように思っている人である。また、こういう人はうぬぼれのつよい夢想の世界で暮らしていて、自分は他の人間より上位であると思っていたり、またそう言われることを望んでいる。こういう人を自己陶酔《じことうすい》型人格障害と呼ぶ（アメリカ精神医学協会の診断マニュアルによる）[原注11]。

一般的には、人が嫌がらせをするのは、相手が誰であるかということではなくて、相手がその人に対してどう振る舞うかによるといえます。職場での卑俗な策略と思えるものは、マリリン・モーツ・ケネディによれば、職場戦争です[原注12]。妬み、嫉妬、野心、挑戦を受けることが個人間の職場いびりの理由です。同僚は、仲間の仕事がよくできること、見栄えがよいこと、よく好かれること、などに対し、不快感を抱くのです。彼らは、他人の能力を恐れています。自分より仕事のよくできる仕事仲間に脅かされると感じると怒りを覚え、その結果、職場いびりを始めるのです。彼らの仕事の成果は、今や、より仕事ができて、より優秀で、より高い生産性をあげる人に比較されます。彼らは、その優秀な人の仕事に到達したいという思いから、職場いびり（モビング）を始めるようになってしまうのです。彼らは自分の仕事の成果によってではなく、途中に立ちはだかる優秀な人を除けば「出世の階段」を登れると思うのです。

ジョアンが、彼女の上司になった元同僚男性のいじめを受けた時、彼女は彼に言いました……私があなたに初めて会った時には、あなたは私の仕事が欲しいと言ってたでしょ。私は、あなたが、あらゆる機会を狙って、私に恥をかかせようとしたり、私の評判を落とそうとしてきたんだと思うわ。

この行動を説明する為に、ブロードスキー博士は、生物学と人類学的観点から、彼の著書『いじめられる労働者』（原題 The Harassed Worker）の中でこう述べています。

競争はすべての社会、民族、人種集団の至る所に存在する。組織階層の中に自分の位置を確立するために、他者に対して自己を試し調和させる一定の過程がある……。嫌がらせというのは、きちんとした公けの手段のないところでの、人を追い出したり自分の立場をまもるための手段なのである……。

いやがらせは、社会経済や政治的水準が最高でも最低でも、国と国、あるいは個人と個人との間でもおこることから、一種の社会的本能であるかもしれない。鳥を獲る本能をもつ犬種の小さな犬や、ネズミやリスを獲るように訓練された動物が、近くに鳥やネズミが居なくても、全く同じ習性動作を行なう。それと同様に人間も、理性的な目標がなくても、いやがらせ行為に容易にのめり込んでしまう。(原注13)

個人や集団のいじめは太古からの遺伝的にくみこまれた行動であるという仮説があります。それは、敵を払いのけたり、狩りに出かけたりというように、その集団に利益となる行為のことを指しています。そういう遺伝的残存といえる行為は、科学的には、ないとはいえません。しかし、文化や社会的価値、教育などは変化し、遺伝的なことに影響を与えるのも、また同様に確かなことなのです。

心理学に立ち戻って考えれば、「それでは、なぜ人——上司や同僚あるいは部下——が仕事の上で集団いびり・いじめにかかわるのであろうか?」との問いを発せずに、この章を終えることはできません。

職場いびり(モビング)をする人は、自身が子供の時に精神的外傷を受けたとか、恐怖を感じた子育てをされたとか、その幼少時のつらい思いが受け入れがたい傷を残している、といった例が少なくありません。ワイアット博士とヘア博士の著書『職場の虐待』（原著 Work Abuse）は、次のような仮設に基づいて書かれています。子供時代の恥辱《ちじょく》や恐怖心が内在化して残っていて、それが――職場のあたらしい家族――虐待者あるいは犠牲者の行動にあらわれるというのです。この内在するメカニズムは、無意識に、ある条件下において、大人の行動に強く作用するのです。(原注14)

なぜ集団いじめをする人たちは滅多に単独行動を取らないのでしょうか?

この問いに対する答えを求めるには、社会心理学や集団力学から導かれる理論が役立ちます。自分が弱いという意識を持っている人は、支援してくれるグループの中に安心を見いだします。彼らはしばしば「貪欲《どんよく》で」良心の声に耳を傾ける勇気を欠いています。彼らは、より強くて、重んじられ、崇拝されている人と付き合うことによって、自己のアイデンティティーを見いだそうとします。

犬の群れが襲うときのように、ある限界を超えて、群集心理がはたらいて、起こっていることなのです、とウエスチュース博士は述べています。この時点での唯一の関係のある現実とは、嫌がらせをする人たちの性格やそのリーダーの性格的特徴といったことでは全然なくて、大きなものに屈した人々の群れ、群団であるということなのです。(原注15)

いじめ集団に引き込まれたりグループの一員になるのは、人と違っていたり、目立ったり、立ち向かったりすれば除け者にされるという恐れからです。なお、脅しや個人攻撃を恐れて、同僚が職場いびり（モビング）に加わることも、よくある事です。もし加わらなければ、彼ら自身が危険に曝《さら》されるかも知れないのです。

ダイアナ……一人の人は私を支援する強さがありました。彼はわかっているという視線をよく送ってくれたものでした。これは小さなことでしたが、でも、私には大きな支えでした。私は何時も彼は私のシンドラーだといっていました。私はその支援をずーっとありがたく思っています。

なぜ職場いびり（モビング）は永遠に、辞職や退職後も、続くのでしょうか？

職場いびり（モビング）は、時には個人が組織を退職した後も続きます。証明できることはまれですが、中傷は、続きます。インタビューに応じてくれた人の中には、退職後何ヶ月にもわたり、しつこく悩まされた人がいます。

スティーブン……僕は八年間大学に勤めていましたが、そこでは人を卑劣に中傷することが普通におこなわれていました。それは理事長の交代で変わるようなものではありませんでした。そこの文化に組み込まれていました。恐らく六人あるいは一〇人の名前を挙げることができます。この既存の文化を脅かすような人たちが中傷されました。僕は特に危うい立場にいました。僕は他大学に、九九パーセント確実に、職を得ることになっていたのですが、誰かがその大学に電話を掛けて嘘のことをいいふらしたのです。そのため、僕は職を得られず、しばらくの間、その中傷は激烈な効果を発揮していました。

この、まだ続いている職場いびり（モビング）は、個人が組織と関係がなくなっても、いじめの加害者の行為を正当化し、組織の決定を支持するかのようにみえます。彼らは、被害者の評判を落とし、扱いにくい者という作り話をそのままに保持しておくことで、自分達を守ろうとしているのです。

今までに私たちは、職場いびり（モビング）の加害者の悪行や被害者をそこに追い込んだ事情について可能な限り、たくさんの説明をこころみました。もしかしたら、彼らの動機をよく理解することで、私たち被害者に、加害者への哀れみや同情や許しの気持ちが起きるかもしれません。私たちのうち、幾人かはそうかもしれません。また、被害者が苦しみや差別に打ち勝つのに、こういった理解が役立ったでしょうか。幾人かの人にとっては、役立ったかもしれません。

組織文化と構造

職場いびり（モビング）はあらゆる種類の職場、あらゆるタイプの組織で発生します。しかしながら、スカンジナビアの調査では、教育や健康管理産業におけるのと同様に、非営利組織（ＮＰＯ）においては、大企業よりももっと職場いびり（モビング）が多いことが報告されています。小さな非営利組織は、しばしば、管理能力の劣った人に率いられていることが多く、その上、慢性的な財政の圧迫が加わって、より一層ひどいいじめがおこることになります。ルイスは、また、別の理由もあると言っています。

ルイス……一般的に言って、非営利組織にいる人たちは性格が普通より弱いと思われます。そうだからこそ、人に奉仕する仕事を真っ先に選んだのです。僕は、そのような弱さを持っていなければ、自分の役割を効果的に果たせなかったと思っています。そして、僕はそのリスクも、負わなければなりませんでした。非営利組織の理事には一つの役割が有り、それは他の誰に対しても力を与えることであると信じています。そして、もし、皆がふさわしい人だったら、うまく行くのです。大抵は、うまくいきます。でも、ある人を信頼できないと思ったときには、うまく行きません。そしてそれがリスクなのです。

十分な財源のある利益追求型組織であれば、恐らく近代的管理手法を持った訓練部門を備えており、利益が業績評価になります。以前にも述べたように、職場いびり（モビング）は存続が許される限り繰り返されるのです。しかし初期の段階で、いびりの非行行為に焦点を当て、組織の指導力と効果的な苦情処理組織の指導力と効果的な苦情処理対策でもって対処すれば、職場いびり（モビング）行為は防止することができます。そういう例を、第六章と第七章で示すことにしています。

次の節では、職場いびり（モビング）発生とその存続の原因となり得るいくつかの組織要因を指摘したいと思います。

間違った管理

一九七六年に、ブロードスキー博士は、究極の、実在する、正当化された嫌がらせの目的は三つあり、それは、教練すること、生産性を上げること、および反射神経を養うこと（兵役におけるような）であることを明らかにしました。（原注16）今日ではこれは不当な管理と見なされます。私達が誤った管理とみなす因子は、他には次のようなものがあります。

・人的資源を犠牲にした過度の結果志向
・非常に階層的な構造
・門戸を閉ざす方針
・不十分な伝達経路
・紛争解決能力の欠如あるいは適切でない紛争管理や苦情処理方法
・指導力の欠如
・誤った身代わり思想
・チームワークの不足あるいは欠如
・多様性教育の欠如あるいは効果的でない多様性教育

企業や多くの組織は、効率や、費用削減や、競争相手に打ち勝つことに重きを置いています。これらの目標は事業の成功と健全経済にとって重要ですが、結果を重視し過ぎて人的資源が会社の最も大切な資産であるという倫理原則をしばしば無視することになってしまっているのではないでしょうか。そしていずれの組織においても社員を評価するには、力を与えることが必須です。これが立派な指導者です。力を与えるとは、適切でオープンなコミュニケーション、意思決定への参加、対立の解決、多様性の尊重と高い評価、特に、アイデア、チームワーク、高度の自主性を認めることです。

ストレスの激しい職場

慢性的にストレスの激しい環境では、課せられた要求についていけなければ、人はあらゆる段階でいじめに遭う可能性があります。上司は、より上層の管理層から加えられる圧力のため、職場いびり（モビング）に走るかもしれません。部下は、ストレスの原因と思われる人に対しての反発で、上方向への職場いびりをするかもしれません。

単調

強いストレスは職場いびりの原因になりますが、やり甲斐のない単純な繰り返しの多い職場においても、退屈が、刺激を添えるための、職場いびりの原因となります。(原注17)

部課長による不信と拒否

業務の実質が上層部の人達だけで行なわれているという不信がある場合、職場いびりは長く続きます。職場いびり（モビング）現象は、まだ、充分に認識されていないので、彼らはその広く広がっている職場問題がモビングと関係があるとは気づいていません。彼らはその問題をどう扱っていいのか、全く知りません。ロバートのことを思い出してください。彼は上司のいびりに五年間耐え、上の人へと順々に問題を上げていって最上層の経営陣にまでいきましたが、役員から貰った答えが「こんなことが起こっているなんて信じられない」でした。そしてその後も彼らは、何の対策もとってくれませんでした。

してくれそうなことは、新任の取締役が役員会の了解の下に、価値ある仕事をしている社員をつぶしてしまうことくらいです。役員達は通常自分達の選んだ指導者を信じ、地位の低い被害者を犠牲にします。「扱いにくい」社員を解雇するのは、新しい取締役に挑戦するよりも失うものが少ないように思えるからです。

道徳に反する行動

従業員や顧客あるいは環境を危険に曝したり、不明朗な財政処理を行なったりといった道徳に反する行動が従業員によって暴露されたとき、従業員はその暴露行為に対し、いじめを受ける可能性があります。

会社は困った事態を公けにし、正しく処理することよりも、まず会社の名声を落とすことを恐れ、短期収支決算を粉飾し、ふりかかる被害が少なくなるよう処理するのです。

ジョン……私が知恵遅れの人の為に歯科医になるべくこの医療機関で働き始めた時、私の仕事は歯科の医療技術を提供することだと思っていました。しかし、仕事は、先ず最初が受付でした。受付でも私が在籍しているので、この医療機関は、健康管理に対して支給される連邦補助金を受け続けることができたのです。

正式には、私が唯一人の免許取得者で、治療を施せ、助手を管理できる唯一の資格者でした。ところが、この医療機関は、社会福祉学士の人が歯科部門の責任者というごまかしを常態で経営していたのです。私が来るまでは、無資格の違法行為をしている状態だったのです。

ジョンが上司に宛てた報告は無視され、ついには、彼は、職も追われることになりました。

平構造の組織

平べったい構造をとる組織では、野心の強い人は、自分の昇進の機会を早める手段として、職場いびり（モビング）のような他人の幸せを奪うようなやり方をとることが多くあります。

規模の縮小、構造改革、合併

縮小や、構造改革や、合併は、いずれの組織体においても、通常の経営上の決定です。これらの実行は、理想的なビジネスセンスを磨くことにもなり、往々にして避けては通れませんが、失業を招きかねません。これが慎重に行なわれない場合には、職場いびり（モビング）が起り得ます。競争の激しい環境では、自分の仕事を懸念《けねん》する従業員が、地位を求めてせめぎ合いをすることともなります。自分が脱落するよりは、他の人をいびりにかかります。

ロン……これは決して偶然の一致ではありません。時が好都合だったのです。証明できませんが、彼らのねらいだったのです。それは策略だったと思います。最後のプロジェクトが終った時、もっともらしい理由をつけて、彼らは僕の解雇を決めました。

ここで強調したいのは、職場いびり（モビング）は、次の対策により防げるということです。即ち、(1)切迫した変化に早めに人を準備することにより、(2)他の地位を見つけて、彼らを救うことにより、(3)転職（退職を含む）を容易にするため、契約解除一括金を提示することによって。

ジュディ……私は、新任の取締役が意見を聴くために、彼の選んだ人を取り巻きに据えることは変なこととは思いません。でも、出て行って欲しいというのであれば、その時は、そうする為に人情味ある方法を用いなさいと、私は言いたいのです。こう、言いなさいよ、「あなたがこの計画にそぐわないのはご存知でしょう。今は最善を尽くしなさい、でも、これからの三〜六ヶ月の間に、何か他の職を見つけなさい。あるいは、今、六ヶ月の解雇手当金をお出しします、そして、再就職のお世話もさせていただきます」と。これが、きちんとしたやり方というものでしょ。

己の欲する所を人にも施せ、です。これは大事なことです。つまるところ、すべて価値観の問題なのです。

被害者の性格、心理、環境

いじめられやすい性格というものがあるでしょうか？ いじめの被害者は、彼らの身に起こった事に対して、何か責任があるのでしょうか？ 研究者は、いじめの被害者には、いじめを受けるような生い立ちとか、振る舞いとか、態度とか、性格とか、境遇が、何か存在するのか、その問題を論じています。そういうものがあるということを証明する文献は、ありません。レイマン博士によると、いじめを受ける前には、その人たちはどのような性格であったのかを推し量る研究がなく、性格に関する問題に役立つ事例は一件も存在しないといっています。(原注18)

なお、私たちが面接した方々は、一人一人が並外れた人たちでした。彼らは、職歴を通じて、知性、能力、独創性、誠実さ、業績、献身といった沢山の優れた性質を示していました。彼らのほとんどは、ダニエル・ゴールドマン博士がいう「情緒があり知性豊かな（emotionally intelligent）」人たちで、総じて物事を解決する方法を身に付けていて、間違ったと知れば自分を正せる人々です。（原注19）

ハワード……僕がこういうことに遭《あ》うまでは、僕は、いつも、それが他の人に起これば、理由があるのだと思っていた。君が間抜けでそれを引き起こしたんだと。君が何かをしでかしたに違いない、ある時点で君は引き返すべきだった、彼らが求めているものは何なのかを見つけだすべきだった。こんなふうに、僕は、起きたことはその人に責任があると思ってきた。だから、僕は、こんなにも苦しい。僕は、それを分析したい。

僕は懸命に仕事を続けようとした。新社長になってから、職が危うくなっているのに気づいたから。もし僕が別の仕事を探し始めていれば、忠誠心のない者だと思われただろう。そうしてもっと早めに解雇の憂き目に遭っていたことだろう。

ケネス・ウェスチュース博士は、『追い出される教授』（原題：Eliminating Professors）を著した人ですが、博士の研究では、集団いじめにあった教授たちは、人柄がよく、うぶで、政略には向かず、高い学問レベルにある傾向が見られるということです。多くの場合、ソクラテス同様、彼らの身に生じたことに対しては、本当に部分的な原因しか存在しません。彼らは個々人を大切にするタイプの、いわゆる「内面志向」の人で「他者依存」タイプではありません。彼らは時代の流れに流されないタイプの人々です（原注20）。

しかしながら、私たちがインタビューした人から知ったことは、同じようないじめ行為であっても人により反応は著しく異なり、また、人により影響の受けかたも異なることです。いじめに打ち勝つ人は、自分の強さと内に秘めた力を信じ、生き残り作戦を展開しています。

なぜ私が？

私たちはジレンマに遭遇《そうぐう》したようです。誰でも被害者になる可能性が存在しますが、それにもかかわらず、ある性格の故に、いじめの対象になる人もいるようです。

ワイアット博士とヘア博士は次のように主張しています（原注21）――人は子供の時に、生き残る技術を学び自己を反映させる仕組みを展開させる。成長期には恥や侮辱を処理する方法を学ぶ。そのことが、職場での侮辱的状態に立ち向かうための方法を見つけだすことになったり、以前に述べたように自分が虐待の加害者になったりする、ということに影響する。

アンドレア・アダムスの著書、『職場のいじめ』（原題 Bullying at Work）の中で「被害者の心理」の章を執筆したネイル・クロフォードが類似の考えを導いています（原注22）。

一人一人は、彼らが誰であろうと、何歳であろうと、熱心であろうと、忠実であろうと、創造性があろうと、経験を積んでいようと、明晰《めいせき》な頭脳の持ち主であろうと、責任の重い地位に就いていようと、どれほど多く進取の気性を示そうとも、またどれほど巧みなチームプレイの名手であろうとも、いじめの被害者となる可能性があります。私たちがインタビューした人々は、そしてこれは彼らすべてが共通に持ち合わせていることですが、自分たちの組織に対して高い忠誠心を持ち、自分たちの仕事に熱心に携わっています。私たちは、特に創造性の豊かな人は、他の人に挑むような新しいアイデアを売り込む故に、往々にして職場いびり（モビング）を受けやすいように思います。職場いびり（モビング）の被害者は、高い地位にある人に脅威となることで標的になることがよくあります。

ジュディ……誰でも、一人一人の力を認めるよりはむしろ、自分とは異なる人、あるいは異なる行動スタイルを持つ人には我慢ができないものです。より一層勤勉に働き、秀いでようとすれば、あなたは彼らに圧力をかけることになります。もしあなたが長時間働けば、彼らはあなたが段取りよく仕事をしていないということにするでしょう。もしあなたが一人であれば、更にいじめられやすくなります。

職場いびり（モビング）の標的になる人の自己責任について事例があるかとの問いに、ケネス・ウエスチュース博士は一つの答を示しています。博士は次のように書いています。「人は違っていることによって類型される。それは、肌の色、性、容姿、外国語訛《なま》り、同僚との地位の高低による振舞い方、ユダヤ人や、ジプシーや、インディアンのような社会から爪弾《つまはじ》きされている民族に属していることなどで、人にはどうすることもできない特質である。他の相違点には、序列を無視する人、不正を告発する人、敗者を擁護する人、質問を発し過ぎる人があり、これは、ある程度いじめの標的とされることが予期される」(原注23)。そうして、絶対に必要とされるのは、こういった人たちなのです。

相互作用の進展

手順や仕事上の対立や、人格や価値観の対立、あるいは、道徳上問題のある行動に関する対立は、解決しないでそのままにしておくと、拡大していきます。解決の試みは他の人や組織が渋ることによって妨げられます。事のなり行きでは、服従を強いられ、鬱《うつ》に陥る人もあれば、組織の利益に反した行動をとる人もでてきます。このことは彼らの自信を喪失させる影響を与え、彼らは自分はいじめられやすい、力がない、どうしていいか解らない、弱いと思ってしまいます。

次には、彼らは、上司や同僚の不平不満を生み出す行動を引き起こしてしまいます。上司や同僚がいじめの行動をとりはじめると、彼らはますます防御行動にはまりこんでいきます。彼らが、このような反応を示せば示すほど、加害者はいじめを激化させ、時には彼らは被害妄想《ひがいもうそう》になってしまったり、機能障害を起こしたりしてしまいます。この悪循環による螺旋状の進行過程は、職場いびりの過程でいうところの、追い出しの段階へと繋《つな》がっていきます——しばしば精神病を病んでいるとの言いがかりの下に。

いじめの被害者がこの流れを変えることができるのは、極くまれか、恐らく不可能なことです。一方、加害者たちは、自らの行動を改めたいとは思っていません。効果的な紛争処理手順を備えた会社はこのような成り行きを回避できます。

信念により決まる対処と結果

表面的には解決不可能な対立にいかに上手に対応しようとも、個人攻撃やいじめに遭うのは、彼らの性格や、個性、生活経験、とりわけ信念により決まります。自分がいじめられていることを認めない被害者がいますが、執拗な攻撃によって彼らの精神や身体の健康が影響を受け始めます。彼らは変わります。彼らは正常に働けなくなります。中には生産性が落ち、創造性に乏しくなる人もいます。彼らは感情を内面化するので、落ち込み、脅迫観念に取り付かれ、怒りっぽく、もしくは攻撃的になります。いずれにしても彼らの精神的苦痛は健康を蝕《むしば》みます。

他者よりも高い許容性を備え、攻撃から更によく身を守ることのできる人もいます。彼らは第四章に述べる切り抜け策の多くを使って、事情の如何を問わず、より長く生き抜けることでしょう。ロバートは、例えば、絶えず彼の評判を傷つける上司に五年間に渡って耐えました。彼は主として、強固な宗教上の信念に基づき苦しい体験に耐えることができました。

ロバート……最初は大変かたくなな気持ちになりました。どうすれば良いかと考え、当局に持ち込もうとさえ思い、正式に差別訴訟手続きを起こし、連邦政府の介入を得ようと考えました。僕は、続いているいじめをすべて記録しはじめ、その記録はまだ持っています。しかし、勝つ見込みのない訴訟に思えました。一生懸命、祈りました。神のお告げがありました。心安らかにしているようにと。僕は随分祈り、断食もしました。僕は、僕を信頼してくれる人が大勢居たので、会社に留まることにしました。

中には早々に立ち上がって逃げようとする人もいるでしょう。あるいは、できれば逃げたいと思う人もいます。しかしながら、状況がそれを許しません。

個人が職場いびり（モビング）を受けている時に、特に傷つきやすいのは、親族関係の問題や、子供や、両親や、病気の心配、最愛の人の死、それに財政困難など、他の生活上の不安材料を抱えている場合です。このような状況下では、安定した生活ができるような職を探すことも往々にして困難です。

通常、退職して職を替えることを難しくしている、いろいろな制約があります。財政上の理由、職場の立地条件、年齢上の制限、あるいは他の職は無理と本人が思う理由から、被害者は今の仕事に頼らざるを得ません。そういう理由で、彼らは職場いびり（モビング）に耐えようとします。

いびり（モビング）の繰り返しがどんなに有害かを知っているので、やはり私たちは、速やかに他の職を見つけ、職場の虐待をよく知っている専門家のメンタルヘルスケアを受けるようすすめたいと思います。このことは、今のところ、ほとんど理解されていません。また、ワイアットとヘア共著『職場の虐待』（原題 Work Abuse）を読むことをおすすめします。この本では、被害者に何ら他の選択肢がなく、もう少し長く苦境に耐える決意があれば、事態に耐える為には、どのように自分自身に力を与えればよいか、役に立つ助言を与えています。

なぜ往々にして人は立ち上がらずに事態に耐えるか、のもう一つの説明は、スーザンの言葉を借ります。彼女は、一六年間の旅行ガイドと多言語サービスの取締役を勤めた後、責任を剥奪《はくだつ》され、地位の低い職に降格されました。それは屈辱的な経験でしたが、彼女は疲労困憊《こんぱい》の表情を浮かべながらも、降格を楽観的に捉えようと努めました。

スーザン……　私はその時点では悩んではいませんでした。私は労働協約から、できるだけエゴ（自惚れ）を締め出しました。私には極めて実際的な面があります。実を言いますと、私は途方に暮れてはいませんでした。私は病気で、私の所属のポジションで、でたらめな処理に疲れ果てていましたから、一種ほっとしました。主に私を悩ませたことは、オフィスを、今は誰かと共有しなければならなかったことです。全くプライバシーが無く、オフィスの部屋は小さくて、居心地は良くありませんでした。それには心底煩《わずら》わされうんざりしました。前には部門全部を取り仕切っていた身には、それはかなりきついことでした。

こういう場合には、個人にかかるストレスが軽減されるような降格は、実は歓迎すべき変化なのかもしれません。それでも、ある程度の悩みは否定できません。

スーザン……私は始終疲れていました。始終です。一種の鬱病です。もう、運動もしませんでした。自分のこともしませんでした。家では何もしませんでした。テレビばかり見ていました。隠れていました。絶えず隠れていました。

結論として、たとえ被害者のある気質が職場いびり（モビング）発生の原因であると疑われる場合があったとしても、どのような状況下においても、その気質が職場いびり（モビング）の口実として用いられるのは許されないことだということを強調しておきたいと思います。

引き金となる出来事が対立を生む

意見の相違あるいは対立が、職場いびり（モビング）の循環の口火を切ります。しかしながら、大抵、出来事そのものは、事実上無関係です。対立の原因が何であろうと関係ありません、それが仕事の手続き上の対立、認識不足、失礼な行為、嫌がらせ、新しい上司あるいは同僚、個性や価値観の衝突であっても。これらの出来事は、いじめを開始するための口実として用いられます。

重要なことは、対立の原因が包み隠され、誠実に扱われず、その問題が実際に処理されないと言うことです。従って対立がなかなか消えず、さらに昂じてしまいかねません。その理由は、一個人が組織内で人との問題を処理する方法が全く無いからです。これが最初の対立に輪をかけます。

対立を隠してしまう組織体質、あるいは対立を協力的な態度で処理したがらない上司が、いじめの悪循環を引き起こす主な理由です。なぜなら、解決されないままの対立が職場いびり（モビング）

の引き金となり、激化させる重要な要素だからです。対立について詳しくは、第七章で述べています。

組織外の要因――アメリカ合衆国における基準と価値

社会の価値と基準、その社会の経済構造と哲学が組織の体質に影響を与えます。例えば、経済価値だけで測られる成功や、美化された暴力は、会社で働く人々の行動にマイナスの影響を与える可能性があります。

使い捨ての労働者

激化する経済競争や厳しい結果主義の考え方が、働く人を消耗品と見なす考え方を助長しています。労働力という用語は、極めて一般的なので、それが個々の人間から成っているという事実に思い至る人はまれです。婉曲語《えんきょく》のような「人材」と言う用語でさえ、人間がまるで金銭か技術の如く考えられ、自分自身の実現のために仕事を達成する創造的人間とは見なされていません。

パートタイムの仕事や、フレックス制、コンサルタントの独立営業の機会がますます増え、個人や組織の要求を実現します。しかしながら、この社会傾向にも実質的な下降傾向が存在します。デービッド・山田博士が言うように、「このような取り合わせは、従来の長期雇用を背景につくり上げられた対人関係のきずなに水をさすものです。翻《ひるがえ》って、働く人は、個性を奪われ、使い捨てと見な

アメリカ文化の典型的特質

アメリカ文化の典型的特質	大げさな示威行動は集団苛めに繋がる
競争性	競争は冷酷さに繋がる。 冷酷さの蔓延するところには職場いびりもはびこる。
成功志向 しばしば金銭で測定される。	職場いびりを通じて（出世）階段をのぼろうとする。
個人主義。 個人の目標が他者の目標に優先する それは又個人が生き方を選ぶことができ、成功するかしないかは彼等次第を意味する。	個人主義は、次のことも意味する：あなたの行動は、あなた一人に責任がある。ここに居ることを好まないのなら、出て行くこともあなたは選択できるのだ。
直接的で実際的	母の単独親権 問題への現実的取り組みは、結果本位の考え方のゆえに個人が犠牲となることをも意味する。
効率的	極めて効率的な手順というものは、全員参加やオープン・コミュニケーションとは必ずしも一致しない。
勤勉	働きすぎは他者にとって脅威となる。
自由を愛し、支配されることを嫌う	支配されたくないとは、次のことも意味する：自分の好きなようにすることができる。 選択の自由ということの意味は、ここが嫌いなら他所へ行け、ということでもある。
革新的	頻繁な提案と変更は不安の材料となる。
直接的な相互作用	直接的であることは個人攻撃になりやすい。
関係が浅く、長続きしない	全従業員は目的達成の一手段に過ぎない。

されます。このような環境では、彼らは、一層感情的に侮辱的態度で扱われかねません(原注24)」。

逆説的にみて、サービス指向の社会が職場いびり（モビング）の発生にまた油を注ぐようです。山田博士はアミ・ワートン博士の説を引用して次のように述べています。「サービス部門の仕事は、人間相互の信頼に左右されるので『気遣い労働』の形です。気遣い労働の心理的な重要性は、製造工場のありきたりで単純な作業に比較すると、いい方にも悪い方にもすぐに走ってしまうものです(原注25)」。

「気遣い労働」

・〜・〜・

一一七頁の表は、極端な場合には職場いびりの行動につながる、アメリカ文化の中の幾つかの典型的な特質を挙げたものです。

他方、アメリカ合衆国の文化は、他人を思いやり、助け、協力し、支え、多様性を尊重する、そういった特質があるということができます。管理に上手に適用され成功すれば、力を蓄えることができ、チームワークがよくなり、紛争処理に役立ち、参入や参加が円滑になります。協力が基本であるところでは、労働環境は生産性を帯び、協力的になり、職場いびり（モビング）が無くなります。

・〜・第二章 原注・〜・

1 レイマン、一九九三年：二八頁
2 レイマン、一九九三年：三五頁
3 ペック、一九九八年：四三頁
4 ペック、一九九八年：一一九頁
5 ペック、一九九八年：七三頁
6 ホーシュタイン、一九九六年：四〇頁
7 ワイアットとヘア、一九九八年：一〇二頁
8 バウマイスター他、一九九六年：五頁
9 ペック、一九九八年：六七頁
10 アル・ダンラップは、無数の顧問会社をつくって労働者を解雇した。彼は、何万人もの人々を、他の人を繁盛させるためだけに、解雇してきた。『タイムマガジン』一九九八年三月一六日：四四号
11 ワイアットとヘア、一九九八年：一〇〇頁、一〇一頁
12 マリリン・モーツ・ケネディ『職場の戦争（Office Warfare）』
13 ブロードスキー、一九七六年：四頁
14 ワイアットとヘア、一九九八年：五六頁
15 一九九九年三月十三日の私信。K・ウェスチュース博士は『教授を辞めさせる方法（Eliminating Professors）』の著者である。

16　ブロードスキー、一九七六年：二頁
17　シュープバッハ、トーレ、一九九六年：九四頁、九五頁
18　私信及びレイマン、一九九五年を参考にした。
19　ダニエル・ゴールマン、一九九五年および一九九八年
20　一九九九年三月二日の私信。
21　ワイアットとヘア、一九九八年
22　アンドレア・アダムス、ニール・クロフォードに関して、一九九二年
23　一九九九年三月二日の私信。
24　デイビッド・山田「職場いじめ現象と地位利用型敵対的環境の防止の必要性」ジョージタウン法律ジャーナル *Georgetown Law Journal*、八八巻三号四九一頁、二〇〇〇年
25　デイビッド・山田「職場いじめ現象と地位利用型敵対的環境の防止の必要性」ジョージタウン法律ジャーナル *Georgetown Law Journal*、八八巻三号四八七頁、二〇〇〇年

第三章

職場いびり（モビング）が及ぼす影響

殺人は一度しか人を殺さない。しかし、侮辱は、一人の人間を何度も殺すことができる。

——『タルムード』（訳者注：ユダヤ教の律法と注解集大成本のこと）

ハワード……あの出来事のせいで、今でも僕の心に深い傷が残っている。あの連中が台無しにしたのは僕の人生のすべて、キャリアのすべてだった。でも同じようなことが毎日いたるところで、たくさんの人々に起こっている。

ダイアナ……仕事をつづけるには、毎日あそこで人にこそこそ取り入るしかないような状況にまで彼らは私を追い込んだの。それは決して忘れないわ。でも私は毎朝プライドを持って仕事に出かけた。どうにか勇気をふりしぼってね。今ではそのことをとても誇りに思うわ。

・〜・〜・〜・〜・

この章では、職場いびりの経験を乗り越えた人々に目を向けましょう。職場いびりに遭ったとき、被害者のあなたはどのような感情を味わうのか、職場いびりはあなたにどのような影響を与えるのか、また、なぜ職場いびりはあなたの人生や健康を左右するのか、などの事柄に焦点をあててみます。

仕事との強いかかわり

なぜ職場いびりは多大な影響を人に与えるのでしょう。私たちが気づいた重要な要素の一つに、職場いびりの被害者の多くが自分の仕事をとても大事にしている、ということがあります。彼らは、自分の職業と強く結びついています。彼らは一所懸命仕事に打ち込み、人生の目的や喜びをそこから得ています。職場いびりは、個人の職業人としての高潔さや自己のイメージを冒瀆する行為です。それゆえ、被害者の自信喪失は著しいものがあります。

自分の仕事にそれほどのめりこまない人々は、多くの場合、仕事を生活費を稼ぐための手段としてとらえています。その人たちにとって仕事は充足感をもたらすものではないし、能力を試されたり成長したりする機会でもありません。たとえ職場いびりにあったとしても、これらの人々はためらいもなくその組織を抜け出し、どこか他の場所に行くことでしょう。彼らは自責の念をあまり感じることも無く立ち去ります。「もう辞めた。ここはうんざりだ」というふうに。

一方、仕事に打ち込んでいる人は、組織に対してきわめて忠実であることが多いのです。彼らは組織が掲げる目標を信じて疑いません。組織の評判も気遣います。組織の中であれ外であれ、ひたすら沈黙を守り、何らかの行動を起こすのをためらい、進んで助けを求めようとしません。その結果、彼らはより長い期間にわたって苦しむことになるのです。このような人々はめったに苦しみを人に打ち明けたりしません。そしてしばしば、彼らは、自分たちが今置かれている複雑な状況を認識していないことがあるのです。

困惑、孤立、そして疑心暗鬼

ハワード……なにか被害妄想《ひがいもうそう》にとりつかれている感じだった。どうやって僕を苦しめるつもりだろう？　どうやって僕を陥れようというんだ？　みんな僕のことをねらっているんだな！という風に。なにしろなにもかもが変わってしまったのだから。友人たちも、一緒に仕事をした連中も、オフィスでもっとも親しかった人々たちも、彼らは突然、僕と話しをしなくなったんだ。

どうしてこの人たちは攻撃をしてくるようになったのだろう？

あなたは状況に困惑し、裏切られた気分になるかもしれません。どうして彼らはあなたに敵対するのだろう？

ダイアナ……一瞬、私はすべてを受け入れたの。だれも進み出て私を励ましてくれる人なんていないんだって。でも次の瞬間こう思った。「どうしてこれに異議を唱える人はいないの?」私にはそれがとても信じがたかったし、もっともつらいことの一つだった。でもこう思うようにしたの。「この人たちを責めることはできない。彼らも自分が生き残るためには、お給料をもらうためには、こうするしかないんだもの」。

絶え間ない危険にさらされている感覚を抱く人もいます。

ジョアン……いじめにあっていたとき、夢の中で二人の部下が私の家にやってきてこう言いました。「こんなことをしなければいけないのは本当に残念です。でも我々も自分や家族を守らなければなりません」。そして、彼らは私を殺したのです。ぞっとして目がさめました。

自分の殻に引きこもってしまう人もいるでしょう。狼狽《ろうばい》、恐怖、恥ずかしさ、怒り、罪悪感、屈辱感、不安、劣等感などの感情に襲われることもあるでしょう。

ジョアン……今でもひとりぼっちの気分です。まだ完全には乗り越えていないのです。もう人と関わりをもつなんてこりごり、と思う時もあります。山に行って、山小屋か何かに住めたら、と。一度人から拒絶される恐怖を味わうと、次からは人が自分を拒絶する前に、自分から人を拒絶しようとし始めます。以前はたいていの人はいい人だと思っていました。でも今は、いい人なんて全体の二パーセントしかいないと思っています。

ダイアナ……私はとても恥ずかしかった。ただどこかに隠れていたかった。あれから四年が経ったけど今でもその気持ちは変わらないわ。

私たちのインタビューに協力してくれた人たちは、職場いびりに耐えていた時期や職場を追われた後に、例外なく激しい不安におそわれていました。被害者の心に渦巻くこれらの否定的な感情は、やがて彼らの生活のあらゆる面に影をおとしていきます。

ジュディ……彼らが何か話し掛けてくる。でも何かがおかしいと感じる。やがて「私、気が変になったのかしら？　これはただの気のせい？　私の被害妄想なの？」と考えるようになる。そしてすぐにそういう状態は誰の目にも明らかになるの。そして自分でも認めざるをえなくなってくるの。

最も頻繁に見られるのは、被害者たちが孤独を痛感するということです。彼らは、今自分に起こっていることを現実として受けとめられない、だからそれを言葉で表現することも難しくなるのです。一方、まわりの人間が状況を理解するのも容易なことではありません。「もう忘れて次の仕事を見つけなさいよ」とアドバイスするのが関の山なのです。

職場いびりの被害者たちは、何よりも自尊心を完全に失くしてしまったように感じると語っています。彼らはもはや、自分がわからなくなってしまいます。肉体的また精神的に傷つけられるかもしれない、あるいは自制心を失ってしまうかもしれないという激しい不安について彼らはこう言っています。

ジャック……被害妄想はいつもあった。だって自分の身にふりかかるだろうことを彼から聞かされてからは、僕のあらゆる言動が他の誰のものよりも厳しく問題にされ、値踏みされ、注目されることは分かっていたから。当時、何をするにもより多くの時間がかかっていたのは確かだ。というのも、自分の発言や行動はすべて何度も考え抜いたからね。あらゆるものを検討し、また再検討する、という具合だから、より多くの時間が必要だったんだ。

ダイアナ……あんな目に遭っていたあいだ、こう考えたことをおぼえているわ。「精神を集中しなくちゃ。絶対にばかな真似をしてしまわないようにしなくちゃ」。下着を付け忘れて仕事に出かけてしまったらどうしよう、それに彼らが気づいてしまったらどうしようと心配でたまらなかった。そんなばかげたことを、あんなに大真面目に考えたのは、一生のうちであのときだけよ。

人はその責務、個性、人格、信望といったものを奪われた時、危険にさらされ、丸裸にされたように感じ、精神的にとても傷つきやすくなるものです。ダイアナの一見奇妙な心配もそのような心理状態を表わしています。

ダイアナ……それはまるで骨の髄まで丸裸にされる気分だったわ。私は思った、「平静を保ち、威厳を持ちつづけなければ。でも心の中は……」

職場いびりは、魂への冒瀆である

「扱いに困る人物」というレッテルが再び苦しめる

執拗な心理的攻撃は、被害者の健康、ものの見方、心理状態に影響を及ぼします。繰り返し攻撃を受けることによって、正常な判断は下せなくなり、人とのコミュニケーションの取り方にも変化が生じます。被害者たちは、その馬鹿げた現実の意味を理解しようとする一方で、次第に防御の構えをとるようになります。不安や裏切られたという思いは、彼らの行動や自制心に影響を与え、また、彼らは人を信用できなくなります。

やがて被害者たちが救援を求める決心をする頃には、彼らの職業人または人間としての機能、身体の健康、および心理状態に、いじめの深刻な影響が現われています。その結果、彼らは援助をさしのべる側の人間にさえ「扱いに困る人物」とうつってしまうのです。今や被害者は責められる側となり、職場いびり（モビング）の責任は

仕事にはプレッシャーがつきもの。それに職場いびり（モビング）の精神的外傷が重なってくると、いじめの攻撃の合間に回復を図ることは難しい。

彼らにあることになってしまったのです。(原注1)

執拗な攻撃

ショーンは、週末に長い休みを取ろうとしました。休みもたまっていたし、会社のやり方どおりに承認も得ていました。しかし、職場いびりに加わっている上司が、ショーンは「休みを取りすぎている」ようだと発言し、休暇取得を妨害しました。

職場から数日間距離をおくことで、被害者は一時的に息抜きができ、少しは元気を取り戻すことができるでしょう。そして休み明けには状況が変わっているだろうと思うこともできます。しかし、もう一度、職場いびり(モビング)にあうかもしれないことは覚悟しておきましょう。頻繁に病気休暇を取ることは有益だし、多くの場合必要なことなのですが、あとで必ずそれに対する非難が待っています。あなたは敵の計略にひっかかったといえます。

キャロル……彼と一緒に長い間仕事をしたことを後悔しているわ。だっていろんな意味で彼は私を「台無しにした」のですもの。自分自身にまじめに問いかけたわ。自分は本当に有能なのかしら。本当にできるのかしら、って。彼は私の自信を徐々に奪っていった。今はもうへとへとに疲れているの。でもそんなときは自分に言うの。この世は完璧じゃないって。完璧な世の中じゃない。だから何を望んでも無駄よ、って。

職場いびり（モビング）の重大性を知らない人には、キャロルの経験が、仕事の世界では「あたりまえのこと」にきこえることでしょう。キャロルへのインタビューが行なわれたのは、彼女がいじめを体験してから九ヶ月経った頃で、その時の彼女は新しい人生を歩み始めたことを誇れるようになっていました。けれどもそれより以前、職場いびり（モビング）の渦中にあった頃の彼女は信じられないほどやせこけ、追い詰められた人間の顔をしていました。彼女は精神的にしっかりしているところを見せようとしていましたが、あまりにも取り乱していたため、私たちは彼女の生命の心配をしたほどだったのです。

助けは手の届かぬところに

私たちのインタビュー協力者のほとんどは、短くても一五年の職場経験を持ち、たいていはそれよりもはるかに長い経験年数をもつ人々でした。彼らは有能で、実力の備わった、精神的にも安定した人たちで、アメリカの多くの職場に見られる締め切りを守ったり、多忙さをこなすのにも慣れている人たちでした。そんな彼たちでさえ、職場いびりには大きなショックを受け、自分たちの身に起こっていることを信じられないでいたのです。そしてどこを向いても助けは彼らの手の届かないところにあったのです。

次に記すのは、ダイアナが会社の人事部長と交わした会話です。

ダイアナ……彼は「もう辞めたらどうだい？」と言った。私は答えた。「これだけ実績を積んできて、何も間違ったことはしていないのに、どうして辞めなくてはいけないのですか？　今回のことは全く理解できません」。そしたら彼はこう言ったの。「みんな君のことをまともじゃないと思ってるのを知らないのか？」「まともじゃない？」私は言った。「みんな私のことまともじゃないって思っている？」「そうだ」彼は言った。「みんなそう思ってるんだ」。

複雑にからみあう要素

先に述べたように、生活の中で他にストレスの原因となるものを抱えている場合、職場いびりにも傷つきやすくなるものです。精神状態が安定し、人生において十分な幸福を感じていれば、不安や苦痛にも前向きに対処できるでしょう。

インタビュー協力者のうち数人は、職場いびりの時期と重なって、離婚もしくは大切な人間関係の深刻な破綻を経験していました。その経験が職場いびりのあるなしにかかわらず起こったのかどうかは定かではありません。おそらく職場いびりが起こる以前から、別居や離婚のプロセスは徐々に進行していたのだろうと思われます。そして職場における緊張状態や破滅が、その結果を早めたのでしょう。

また、家庭内の問題が、安心して仕事に打ち込めるかどうかに影響を与えるのは当然です。夫婦または恋人関係におけるいさかいは、たいてい仕事に悪い影響を与え、それゆえ、職場いびりの経験は余計につらいものとなります。大切な人間関係を失うことで、その人の敗北感は増し、絶望感はさらに深まることになります。

ジョアン……結婚生活がさらなるストレスをどっと生み出しました。職場で離婚することをちらっと話したら、そのあとは、もう、私に有無をいわせない勢いで状況が進行していきました。

人生における重大な問題というものは、うまく隠しおおせるものではありません。それは、様子や態度に現われてきます。職場いびりの加害者たちは、多くの場合、被害者にとってストレスの重なるこれらの時期につけこんで、彼らの目的を果たそうとするのです。彼らは、被害者が職場いびりの事実を公表しようとすると、その客観性に異議を唱えるため、被害者が抱えているストレスを煙幕として利用しようとするでしょう。加害者たちはいまや、被害者を非難し、彼らの落ち度や「扱いに困る」行動を糾弾《きゅうだん》するためのさらなる根拠を見つけたといっていいのです。

職場いびり（モビング）の段階と健康への影響

第一章では、職場いびりの経験によってもたらされるダメージの度合いによって、いじめを三つの段階に分類しました。

執拗な心理的攻撃がもたらすダメージというのは、その場限りの突発的なものではなく、徐々に蓄積されていくものです。職場いびりの被害者は、困惑し孤立しているため、危険なサインをキャッチし、深刻な症状が現われたり病気になってしまう前に周囲に助けを求めることは難しいかもしれません。やはりここでも、早期に専門家に助けを求めることをお勧めします。

通常のストレス対処方法は、第一段階のいじめがもたらすストレスの程度には一時的に有効かもしれませんが、職場いびりがもたらす連続的で長期にわたるストレスに対処するには、まったく役に立たないと思われます。

以下の、身体的および精神的症状は、職場いびりや虐待に関する文献と、インタビュー協力者たちの体験を合わせてまとめたものです。もちろんこれら以外の症状が現われることもあるでしょう。身体的な病気になってしまうことによって、精神的虐待がもたらす絶望感は隠されてしまうことが多いのです。身体の病気は、多くの場合、心の痛みよりも対処しやすく思われ、他人からの理解も得やすいのです。

第一段階のいじめ

キャサリン……私はひどく混乱していた。そのせいで夜眠れなくなってしまったのよ。声をあげて泣くこともあった。心のバランスを失ったように思えた。まるで全く新しい世界に吸い込まれていくようだったわ。まわりの雰囲気が劇的に変わってしまって、もうどうやってその状況になじんだらいいのかわからないの。まるで誰も見向きもしなくなった植物のようよ。しおれてしまうの。

同僚たちから屈辱的な目にあわされると、被害者は混乱し、耐え難い苦痛を感じるものです。怒りを覚えたり気が動転したりします。そのような状況の中、自分を攻撃する人々に立ち向かっていく人がいる一方で、現状に我慢しようとする人もいます。彼らは職場を嫌悪するようになり、他の勤め口を探すことを考えるようになるかもしれません。たいていの場合、この段階のいびり・いじめが日常の活動に支障をきたすことはありませんが、次のような症状は現われるでしょう。

・声をあげて泣く
・時々眠れない

・怒りっぽくなる
・集中力がなくなる

家族や友人たちとの関係には影響が出ていません。一般的には、ストレスを軽減するための瞑想《めいそう》やエクササイズ、気晴らしを見つけたり、趣味に打ち込んだりなどをすることで、心のバランスをとることが当座の措置として役に立つでしょう。

しかし同じ状況が長くつづいた場合、職場いびりは第二段階へと発展していきます。

第二段階のいじめ

ジャック……僕はストレスにはかなり強いほうだ。でも、あれは精神的にかなりつらかった。まるで首狩りが行なわれているように感じたよ。どう対処したらいいのか、なぜそんなことが起こるのか分からなかった。不安でたまらなかった。多分自分が思っていた以上に落ち込んでいたんだろう。後になって妻が言ったんだ。もしあの職場から逃げ出さなかったら、僕が心臓発作に襲われてしまうと思った、って。身体の症状にあらわれていたなんて、気がつかなかったんだ。

長期間にわたって、執拗ないじめにさらされた人々には次のような症状があらわれることがあります。

・高血圧
・永続的な不眠
・胃腸障害
・集中力の欠如
・過度の体重増加または体重減少
・抑うつ状態
・アルコールもしくは麻薬の乱用
・職場を避けようとする（遅刻もしくは欠勤が増える。人目を逃れる仕事を求める。）
・原因のない不安感（はっきりした理由なしに、飛行機に乗ること、車を運転すること、一人になることを怖がるようになる）

家族や友人たちは異変に気づきます。しかし彼らは困惑し、本人が職場で抱えている問題を軽くみてしまうかもしれません。健康上の問題は仕事にも影響を与え始めます。医療やセラピーの助けを求めることが必要です。

ジュディは次のように述べています。彼女は自宅で第二段階と思われる職場いびりから立ち直りつつありました。

ジュディ……思っている以上にダメージはひどいわ。仕事に戻るのが死ぬほどこわいの。もうどこへ行っても、うまくやることなんてできないと思ってしまう。傷は永遠に残るの。自信がないのよ。もう今の私には能力なんてないと心から思うの。

第三段階のいじめ

エリザベス……一七年間、私は仕事に全身全霊を傾けました。その最後には何年にもわたる虐待の苦しみが待っていたのです。ある朝オフィスのあるビルにたどりついても、その中へ入ることができませんでした。もう二度とあの攻撃に立ち向かえないことは分かっていました。私は車に戻って、その場を立ち去りました。あの職場とはそれっきりです。もうあれから四年になります。セラピーを受けていますが、今でもその話をすると激しく動揺してしまいます。ずっと何ヶ月ものあいだ、体が不自由になったような感じでした。脚は二本ちゃんとあるって分かっているのに、どうしても歩けないと思ったのです。それに心臓発作が起きるのではないかとも思いました。何度かパニック発作に襲われ、もう死んでしまうと思いました。

いじめの第三段階になると、被害者はもはや普段の仕事をこなすことはできない状態です。彼らは、激しい恐怖、不安、嫌悪を抱えて仕事にでかけます。精神的ダメージはあまりにも大きく、職場にとどまることは不可能です。彼らは病気になり、体の防衛機構は機能しなくなっています。次のような、極度の身体的および精神的な症状が現われます。

・ひどい抑うつ状態
・パニック発作
・心臓発作
・その他の深刻な病気
・事故
・自殺未遂
・第三者に向けられた暴力

これらの症状は、家族や友人たちへ向けて送られる深刻な警告のサインとみなすべきです。医療のケアおよび精神的なケアが今すぐ必要です。

ダイアナ……職場を離れたあと、なにかフリーランスの仕事をしようとしたわ。でも私は完全にずたずたにされていた。あの恐ろしい体験に徹底的にたたきのめされていたの。体の異変には気づいていたわ。それよりも以前に、弁護士には話していたの。「いつも冷静でいようと努めているの。だってガンになるなんてまっぴらだもの」って。弁護士はいつも「あなたは絶対にガンになどならないですよ」と言ってくれたわ。兄が私の年齢でガンで亡くなっているの。それにショッキングな出来事は時に病気の引き金になることもあるって知っていたし。「ただ休息をとって、運動をして、道理にかなったことをしていればすぐにまた元気になれる」と考えることにしたわ。でも私の体は次第に悪くなっていったの。仕事を失ってからの二年半の間、いろんなお医者さまに診てもらった。腸の調子はずっと悪かった。免疫システムもとても弱くなっていたし。最終的に体重が一〇〇ポンド（四五kg）にまで落ちてしまった頃、あるお医者さまに出会って、その方が前ガン症状の腫瘍を見つけてくださったの。何ヶ月か遅れていたら、ガンになっていたと思うわ。あの悲惨な体験の結末として恐れていたことが、もう少しで現実になるところだったの。

長引く苦しみがもたらす諸症状

レイマン博士は長期にわたる精神的苦痛に関連する一八の症状に言及しています。これらの異常が一定期間持続すると、長期にわたる身体的異常や慢性疾患を引き起こすことがあります。私たちがインタビューした被害者たちはこれらの症状の多くを経験していました。

筋緊張の症状

身体のふるえ、神経過敏、ふらつき
筋肉の緊張、痛み、または筋肉痛

落ち着きがない
異常な疲労感

自律神経の異常

酸素負債（訳者注：筋肉などで急激な活動の終了後も通常レベル以上の酸素消費がみられる現象）、息切れ
動悸、または脈が速くなる
多量の汗をかく、または汗で手のひらが冷たくなる
口の渇き
めまい、またはふらふらする
吐き気、下痢、その他の胃腸障害
突然身体が熱くなったり冷たくなったりするのを感じる
頻尿
食べ物を飲み込みにくい、またはのどの詰まり

張り詰めた警戒心と感覚過敏

興奮している、または「ぴりぴりしている」
外部からの予期しない刺激に対して過剰反応する

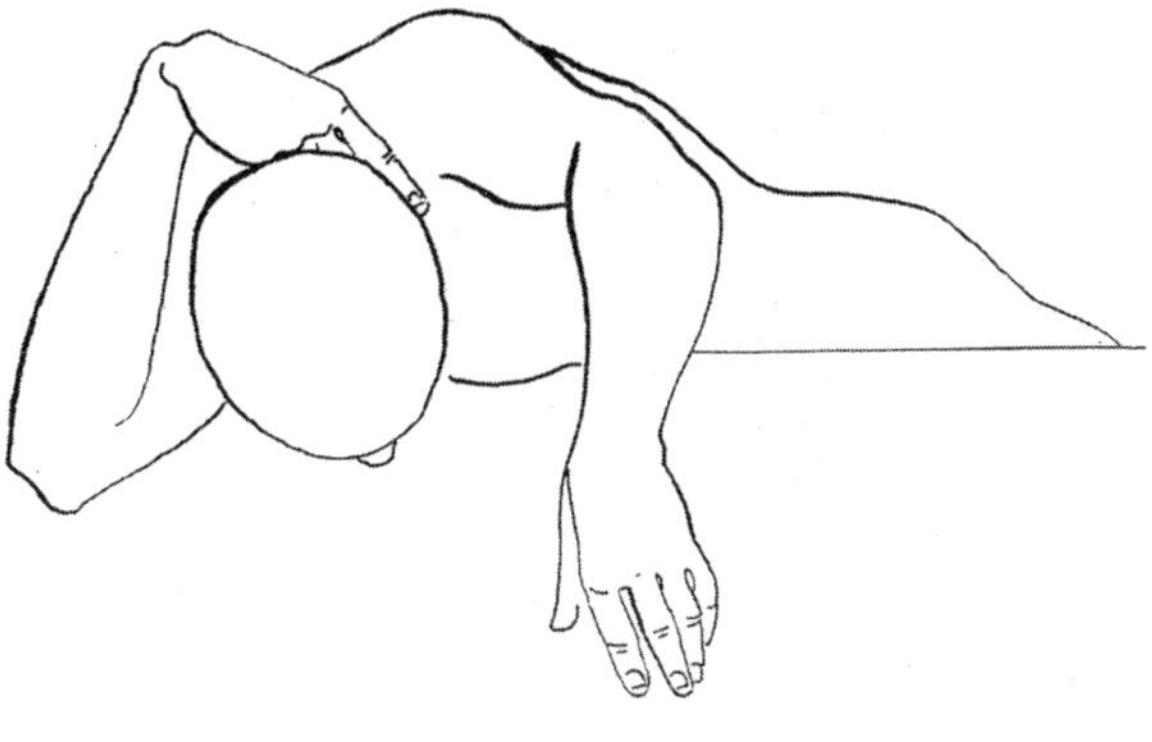

集中するのが困難である、またはすっかり心がうつろである
なかなか眠りにつけない、または安定しない眠り
おこりっぽい

心的外傷後ストレス障害

長期間にわたる精神的虐待を受けた結果、職場いびり（モビング）の被害者の多くは心的外傷後ストレス障害（PTSD）にかかります。実戦部隊の兵士や、拷問《ごうもん》や強姦《ごうかん》の被害者、大災害の被災者たちが心的外傷後ストレス障害に苦しむのに似ています。これはレイマン博士が述べているもので、ワイアット博士とヘア博士もまた、職場の虐待に関する本の中で指摘していることです。（原注2） 過度の脅威や危険にさらされることで、極度の恐怖や無力感が生じ、以下のような症状が現われてきます。

・その出来事を常に追体験する（フラッシュバックという）
・過度の警戒心、すぐにショックを受ける、怒りっぽい
・運命論的人生観
・全般的な感情の麻痺
・絶え間ない不安
・悪夢

・不眠症
・集中力の欠如
・感情をむきだしにして表現する
・激しい不安発作、またはパニック
・自殺願望および、あるいは殺人でも犯しかねないような感じ

よくあることですが、心的外傷後ストレス障害（PTSD）に苦しむ人々は心的障害の原因となった過去の体験に少しでも似た状況を避けようとします。その体験を思い出させるものはどんなものであれ、たいてい激しい苦痛を誘発するからです。私たちがインタビューした中の一人は、職場の環境に入っていくと必ずパニック不安になるといっています（原注3）。

また職場で受けた心的障害の結果として、永続的に人格が変わってしまい、「扱いに困る」人というレッテルをはられてしまう人たちもいます。職場いびりの実態がしばしば誤解されるのはそのせいかもしれません。人格の変化は職場いじめの結果として起こったのであり、けっして原因ではないのですが（原注4）。

絶望と激しい怒りは、被害者を極端な行動へと駆り立てることもあります。自分自身や加害者、そして何の罪もない人々に対して暴力行為を犯すようなことさえあります。また、希望を失い、うちひしがれ、自ら死を選ぶ人々もいます。

ハワード……自殺のことは考えた。僕たち皆、人生の荷物を抱えている。それに年を取っていくということも、憂鬱《ゆううつ》なものだ。そのうえおまけにこのようなことを経験しなくてはならない。強い自負心と強い安心感、それに行動の指針となるものや精神的なものがないとやっていけませんよ。自分にはそういうものが備わっていると以前は思っていたのだが。離婚も経験したし、最後の最後まで厳しい現実だった。なぜ人が自殺するのか、なぜ橋の上から飛び降りてしまうのか、分かる気がする。どうして頭の中の整理ができないのかもよく分かる。

復讐心に燃え、激しい怒りを加害者にむける人たちもいます。(原注5)精神的苦痛への報復として、彼らは銃を持ち出すかもしれません。

ジョアン……私は教養のある人間ですし、暴力を憎んでいます。でも、いじめに苦しんでいたとき、母や親友たちにこう言っていました。「職場に行って銃を思いっきり乱射してしまう人たちの気持ちが分かるわ。だって、私もそれぐらい怒っているのよ」。

・〜・第三章 原注・〜・

1　レイマン　一九九六年参照

2　レイマン　一九九三年、ワイアットとヘア　一九九七年：二七三頁

3　ホエルら（一九九九年：二〇頁）は、ＰＴＳＤとＰＴＰＤは急性と長期間に渉る精神的ストレスが持続した状態によっておこった疾患との相違であるという重要な指摘をしている二人の研究者について引用している。

4　国際疾病分類ＩＣＤ-10によれば、ＰＴＳＤは分類番号F43.1であり、大惨事を経験した後におこる人格の変化を伴うものはＦ62.0に分類される。

5　〝不満をもった〟従業員が同僚を撃ったり、また、その後で自分を撃って自殺するという出来事を聞かない年はない。職場での射殺事件の発生頻度が高い職場としては郵便業務があるが、約八〇万人の従業員がいる職場であることを考慮すべきである。

第四章

職場いびり（モビング）にたちむかうには

ダイアナ……忌まわしい出来事にでも臨機応変に対処できる人っているわね。そういう人たちは多分今までにそれ以上のことを経験してきたのでしょう。神経が太くなってるのね。でもこの世の中にはもっと穏やかな人生を送ってきた人たちだっているのよ。そんな人は傷つきやすいし、その経験に打ちひしがれてしまうの。

より広い世界があることに感謝しよう。雇い主からひどく傷つけられたものにとって、そこが唯一の避難場所だ。

——ケネス・ウェステュース
『追い出される教授』

・〜・〜・〜・〜・

前章で私たちは職場いびり症候群にみられる身体的および精神的症状を明らかにし、極度の症状もまた紹介しました。この章では、被害者がこの体験を克服し、自分自身を強くするのに役立つさまざまな方法を紹介したいと思います。また、被害者が再び自制心を取り戻して傷を癒《いや》し、次のステップを踏み出すための方法も示したいと思います。「悲嘆に暮れる」という行為のもつ意味、職場いびりを受ける過程でさまざまなものを失ったとき被害者はどういう反応を示すのか、被害者が講じることのできる手段、被害者に残された選択肢、そして専門家による医学的および法的支援の重要性についても論じています。

「悲嘆に暮れる」という行為

ハワード……「悲嘆に暮れる」プロセスのありとあらゆる段階を経験するんだ。――否定、ショック、そして常軌を逸した行動。

ダイアナ……まるで自分の死を経験しているかのような感じでした。両親が死んだとき、私はとても悲しかった。でも今回は自分自身の死に悲しんでいたの。

愛する人の死を経験するのと似ていますが、職場いびりの被害者は自分自身の死を経験します。愛する人が死ぬときと同じように死別の感情を味わい、悲嘆に暮れるのです。彼らはまた、もし自分たちの職業人生がこのように思いもよらない方向に進んでいなければ「こうなっていたであろう」と考えていたことが夢に消えたことを心から悲しむのです。

深く嘆き悲しむことは、避けて通ることのできないきわめて重要なプロセスですが、私たちの文化にはそれをよしとしないところがあります。人々はいつの時も、不幸な境遇はさっさと忘れて前に進むようにと教えられています。私たちは、深い悲しみという感情が文化的にもまわりの人々からも好意的に評価してもらえない場所に閉じ込められているといっていいでしょう。激しい感情の表現を目の当たりにすると、私たちは困惑し、どぎまぎしてしまい、じっくりと自分の感情に向き合い整理することが困難となってしまいます。まわりの人々が気軽に支援の手をさしのべることはなおさら困難なことです。

もしあなたが職場いびりの被害者ならば、ゆっくりと時間をとることです。深い悲しみを率直に表現せず延々と持続させてしまうと、あなたの人生をおびやかしかねない新たなストレスを抱え込むことになります。

深い悲しみのプロセスをひととおり経験してみることです。いいと思ったことは何でも実践しましょう。

たった一人で喪に服し静寂を保つ。何か建設的な活動に従事する。もっと自信をつけ勇敢になる。何かの活動で時間を埋めたり、忙しく動き回って仕事をすることによって、空虚で空しい気持ちは一時的にでも満たされるかもしれません。そしていつかは集中力を取り戻し、自分の再建に乗り出すことができます。

一般的に、男性と女性では深い悲しみへの対処の仕方が異なるようです。女性は、人と話したり、声をあげて泣いたり、何かを育てたりすることで悲しみを表現し、他方、男性は、悲しみに対し、怒りや習慣的行為、行動をもって対処する、とトム・ゴードン博士は述べています。

男性たちを研究の対象にしているときに発見したことは、彼らは、怒りを表現している最中（それは、声高に、大きな身振りで、まさしく怒りの表現である）、突然泣き出してしまうことがある。それはまるで心の底から激しく湧きあがる怒りの感情に触れることによってその他の感情への扉が開かれたかのようだ。

女性の場合はその逆である。女性が涙を流して大泣きしているときに、その原因をたずねると、彼女はあっさりと、しかもたいていの場合、大声で「私は怒っているのです」と答える（原注1）。

リアクション（反応）対 リスポンス（対応）——あなたは無力ではない

ジャック……いやもちろん「仕返ししてやる」うんぬんは何度も頭をよぎったよ。でもそんなことをしたら、当時やらなければいけなかったこと、つまり今やっているこの事業に考えを集中する、ということとは逆の方向に行く羽目になっていたと思う。どのみち休暇をとる予定をたてていたしね。あそこで働いていたころは、何に重きをおくべきかと考える時間は今よりあったからね。

私たちは、自分の人生に起こることをコントロールすることはできません。でもその出来事に対して、ただ「反応」するだけなのか、それともうまく「対応」するのかについてはコントロールできます。「反応」とは、感情の反射作用にすぎませんが、「対応」は思考を必要とします。

被害者的なものの見方（手も足もでない、頼れるものはなにもない、だれも話をきいてくれない、自分ができることなどなにもない、と感じること）をすることによって、あなたは無力になってしまいます。精神的におしつぶされそうになり、事態がうまくのみこめないときに、そのようなものの見方をやめることは容易なことではありません。

しかし、あなたにはいつでも選択肢があるのです。たとえ職場いびりですらその選択肢をあなたから取り上げることはできないのです。

あなたには選択肢がある。職場いびり（モビング）はあなたから選択肢まで取り上げることはできない。

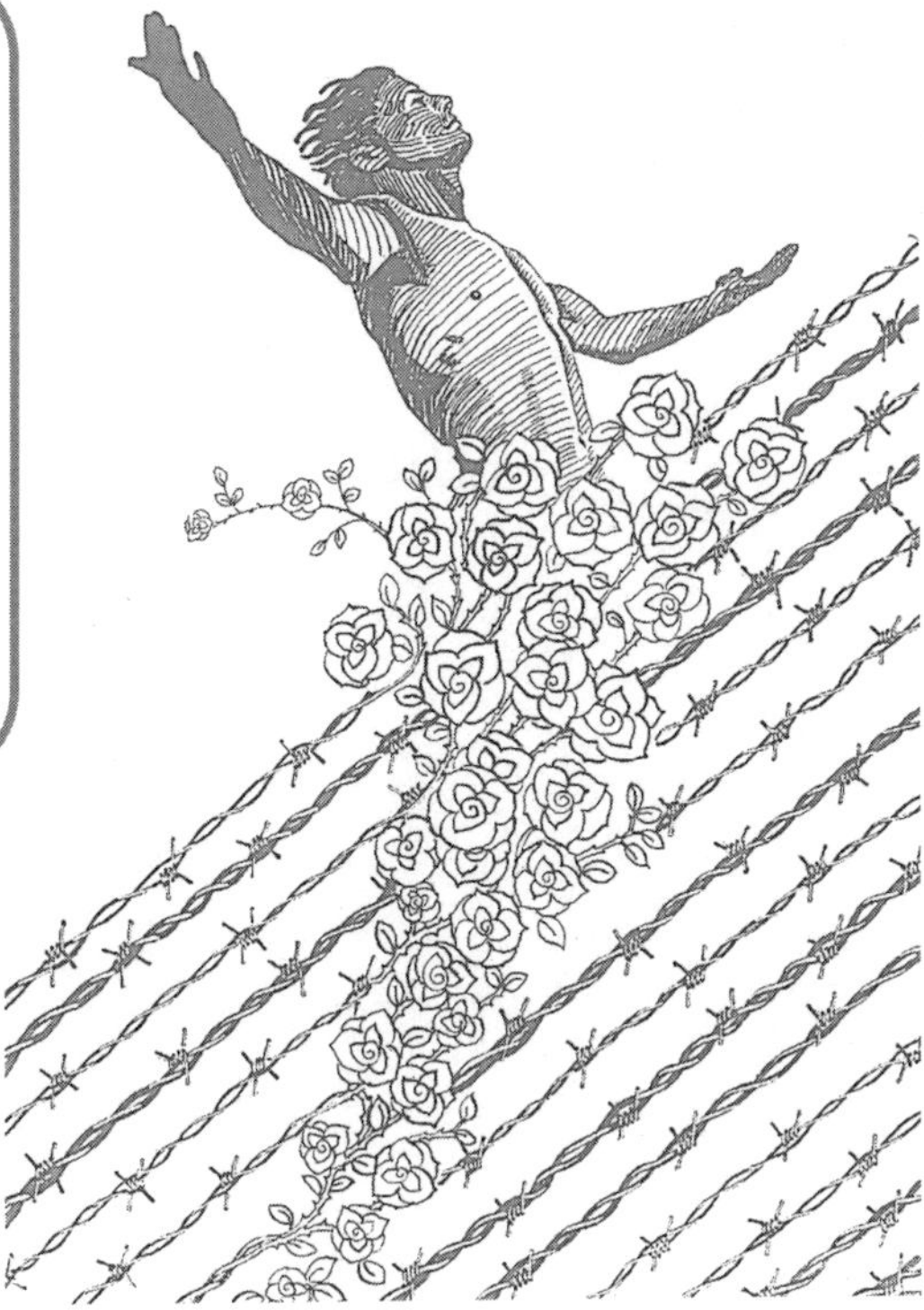

あなたに残された選択肢

1　実際になにが起きているのか冷静に分析する。

2　その事態を解決してみようとする。紛争処理方法を持ち、人材を大切に育てようとする環境においてなら、従業員は救済策や解決法を見つけられるはずである。ただし、経営陣そのものが職場いびりに加わっている場合、この選択肢ははじめから意味をなさないし、どんな試みも無駄である。

3　なんとか我慢する。危害を加えられないように自分を守りながら、緊急対策を講じる。

4　その場からの脱出を計画する。新しい仕事が見つかるにしろ見つからないにしろ、辞職する。人生設計に狂いが生じるかもしれないが、今の仕事に固執《こしつ》し、憤りつづけることによって精神および身体の健康を深く傷つけられるよりも、別の職を探すことのほうがずっと理にかなっている。

5　在職しながら、もしくは辞職したらすぐに法的手段を使って闘う。

6　事実を公けにする——悪事の告発である。告発は勇敢な行為であり、あなた自身や他の人々のためには重要なことだろう。しかしその告発がもたらす不都合な結果も慎重に考慮すること。非常時のための退路を用意する前に告発してはいけない。

7　これから先、職場いびりを撲滅《ぼくめつ》していくためにあなたの経験を役立てられるような、積極的行動に参加する。

さらに別の選択肢を考慮に入れる人たちもいます。暴力をもって復讐するという選択肢です。彼らはうつ状態に陥ったり、怒りを抑えきれずに、自分自身や加害者に向けて暴力をふるいます。衝動的に行動するのを避けるには、すぐに助けを求めることが大切です。暴力はけっして賢明な選択ではありません。

きわめて重要なのは、あなたがいま置かれている状況やあなたの職場文化の分析結果に照らして、あらゆる選択肢を慎重に、かつ現実的に考慮することです。早期に行動をおこし、手持ちの選択肢を実行に移すことが最良の「対応」といえます。

ニールの場合

ニールの話は、職場いびり（モビング）に対してどのような姿勢で臨むかによって、そのおそろしい影響から、いかに自分自身を守ることができるかというひとつの例です。ニールが課長になって三年が経った頃、職場いびり（モビング）は始まりました。前任の部長は他の会社に移り、ある人物が臨時の部長として仕事を引き継いだのです。

ニール……まず最初にその部長がしたことは、伝達事項があっても部門の誰にも彼の承認なしに僕からは何も伝えてはいけない、と釘をさすことだった。事業方針に関してはいずれにしても部長の承認が必要だ。でも人事や予算に関することは、ごく普通にいつも回していたんだ。僕は彼に、その指示はすべての伝達事項に適用されるのかと訊いた。彼は、そうだと言った。

その部長は、ニールの権威を失墜させ、彼の責務を軽んじることに必死に労力を費やしはじめた。

ニールはかつてはすべての部長会議に呼ばれていたが、もはや呼ばれなくなった。自分の上司と顔を合わせない日が何週間と続くときもあった。彼は孤立し、その職務の多くを奪われていた。ニールの部下を交えた会議が秘密裡にもたれることもあった。

ニール……僕はこう思った。ただオフィスにすわって大した仕事もしていない僕に給料を払っているなんて、あの連中はどうかしているんだ、ってね。

ニールの対処法

1 ニールは部長の上司に事情を話し、上司はその部長と話をしたが、それがもとで事態はさらに悪化した。必要な措置は何ら取られなかった。結局、上層部はその職場いびり（モビング）を黙認したのだった。その状況は三年以上にわたって続いた。

ニール……たいていの人は思慮が足りないんだ。まわりの状況に変化が起こってもそれを見抜けない。見て見ぬふりをするんだ。僕は絶対そんなことはしない。もし何かがおかしいと感じたら、一冊のノートを用意することだ。そしてそこに日付、時間、場所、かかわった人たち、起こった事とその詳細を書き留めておくべきなんだよ。

2 ニールは部長とのやりとりをすべて詳細に記した。部長からの伝達事項はひとつ残らず記録として確実に残し、彼の依頼には忠実に従った。

彼は、僕が扱っているものにはすべて目を通したいと言った。だから、ありとあらゆるものを彼の元に持っていくことにした。あれはおかしかったよ。というのも、伝達書類というのは毎日二〇や三〇はあるものなんだ。彼は結局それをさばききれなかった。彼の机の上には書類が山積みにされ始めた。それで彼は僕のアシスタントに「これだけの書類をいつも誰が処理しているんだ？」と訊いてきた。彼女は僕の名前を言った。すると彼は僕のところへやってきて、僕が彼の指示を取り違えていると言ったんだ。そこで僕は答えた。「いいえ、その指示はここにちゃんと書面でいただいています」と。僕は彼にその指示を書面でくれるように頼んでいたからね。指示はいつも書面でもらうようにしていたんだ。「それなら」と彼は言った。「意志の疎通が欠けていたんだね」僕は「こういうことがあなたのご意向じゃなかったんですか?」と尋ねた。すると彼は「いや、私はただ各部門の状況を把握しておきたかっただけだ」、と答えた。

3 さらにニールは残された選択肢について弁護士と話し合った。弁護士はニールに、状況を事細かに記録しつづけるように助言した。当初、ニールは状況を記録しておくなど時間の無駄ではないかと考えていた。加害者は何も違法な事はしていなかったからだ。職務の割り当てを変更することは、部長としての権限の範囲内だった。しかし、ニールが残したこの詳細な記録が後に役立つことになる。

4 ニールは、「正気でない」のは彼自身ではなく、彼をいじめている職場の連中だという判断を意識的に下した。そうすることで彼自身の自己イメージは十分保たれ、他人からの威嚇にも持ちこたえることができた。また彼がオフィスで過ごす時間は短くなった。まわりの人々に自分の価値を示そうという無駄な試みはしなかった。かつては、朝八時から夕方六時七時までオフィスで過ごし、ときとして週末でさえそうすることもあったが、それもやめた。朝は八時半に出勤し、夕方五時にはオフィスを出た。ニールは、十分に能力を発揮していない自分に報酬を払っている会社はばかげていると主張した。知性を刺激し、達成感が得られるものを仕事以外に見つけ、そのことに時間を充てた。そしてそのひどい状況が過ぎ去るのを待った。

5　重要なポイントとして指摘しておきたいのは、ニールが実際に何が起こっているのかをしっかりと把握し、その職場いびり（モビング）が自分のせいで発生したのではないと思うようにした点である。彼は理知を働かせ、行動計画を実行に移していった。ひとつの計画が行き詰まりを見せると、別の計画に取り掛かった。

結局、ニールの部長は辞めさせられた。ニールはもう少しで、部長の傲慢さや権力欲、ニールを職場から排除しようとする企みの犠牲となるところだった。実際、部長の策略の犠牲になった人たちがいたのだ。ニールは被害者的な物の見方をしなかったため、その体験から長期的な心の傷を負うことはなかった。彼はベテランの管理職であり、それまでに積み上げてきた豊富な経験が職場いびり（モビング）の克服へと彼自身を導いていったのだ。

苦難をのりきるための手段

強制収容所、拷問、強制隔離などの最も厳しい境遇に耐え抜き、生き残った人々は精神的なよろいを身にまとい、事態は必ず変わっていくという希望を決して失いませんでした。

私たちがインタビューした被害者たちは、危機を乗り切るのに役立ったのは次のようなことだと教えてくれました。

・何が実際に起こっているのかをしっかり理解すること
・非難や攻撃を受けても、恐れずに自信に満ちた態度で対応すること。
・敵が巡らせた計略にひっかからないようにすること。
・被害者になることを断固として拒むこと。
・精神力や知性を大いに発揮し、事態は必ず変わると信じること。状況に耐えながら、その職場で長丁場を闘い抜く覚悟をきめること。
・退職するための手段を意識的に講じること。
・他の楽しめる活動に力を注ぐようにし、今いる組織に精魂を込めるのをやめること。

これまでにすでに指摘したように、職場いびり（モビング）が被害者に与える影響は甚大なため、運動や瞑想《めいそう》などの一般的に用いられるストレス解消の方法は、一時的にはとても役立つかもしれませんが、決して十分なものとはいえません。それらの方法で気を紛らわせているとかえって、新しい仕事を見つけたり自分の能力を向上させるなど、自らすすんで問題を解決していくことから目をそらしてしまうかもしれません。

また、多くの素晴らしい自己救済法に関する書籍にも目をむけてみましょう。これらの本は、個人の潜在能力や自信を高めていくことに焦点をあてており、失くした自制心を取り戻したり、怒りや不安に対処するのに役立ちます。ジリアン・バトラーとトニー・ホープ共著『理性の管理——心のガイド』（原題：Managing Your Mind: The Mental Fitness Guide）、デイビッド・D・バーンズ著『心を癒《いや》す方法』（原題：The Feeling Good Handbook）は、その一例です。ジュディス・ワイアットとチヨンシー・ヘアの共著『職場の虐待』（原題：Work Abuse: How to Recognize and Survive It）では、職場いびり（モビング）に対処していくにはどうやって自分に力をつけたらいいのか、段階を追って具体的なアドバイスが与えられています。大きな書店の自己救済法のコーナーでは、これ以外にも多くの素晴らしい著作を見つけることができます。

職場いびり（モビング）は、あれこれ装いを変えて起こる人間ドラマです。『緋文字』（訳者注：ナサニエル・ホーソンの小説 The Scarlet Letter 岩波文庫から完訳が出ている。一七世紀ボストンの清教徒社会では不倫した女は胸に赤いAの文字を縫いつけさらしものとなる……。）などの小説を読んだり、『ア・フュー・グッド・メン』（訳者注：米国海兵隊でしごきを命じられ殺してしまった兵士の軍事法廷での裁きを描いた映画、トム・クルーズ主演）などの映画を観たりすることもまた、個人的な体験をより広い視野から眺めるの

に役立つのではないでしょうか。(原注2)

以下に記すのは、職場いびり（モビング）がもたらす影響への対処法のいくつかです。インタビューに協力してくれた被害者たちが実際に使った、または勧めている方法です。

孤立を避ける

職場いびり（モビング）の苦しみから人との交際を断つようになると、心の傷はなかなか回復の方向へ向かいません。その状況に陥ると、うつ状態がひどくなり、ますます絶望に追い込まれていくことになりかねません。苦境の真っ只中にいる被害者にとっては時に不可能に思えるかもしれませんが、この状況を打破し支援を求めていくことは緊急を要する課題です。家族の人たち、信用のおける友人、または慎重に選んだセラピストなど、職場の外に支援を求めることが非常に重要です。

他の人々との交流を保つのに役立つ、例えばボーリング大会などの娯楽に参加することも意義があることです。ボランティア活動をしようと思う人もいるでしょう。またペットを飼うことも悲しみを癒すと同時に、難局を乗り切ることへの一助となります。

自尊心を高める

職場いびり（モビング）は人を侮辱する行為です。人間の存在の根幹にかかわる部分である自己の

いじめに立ち向かうために

・深い悲しみにいる自分を自覚しなさい。
・この世の中に変わらないものなど存在しない。ゆえに今の状況も必ず変わっていくと信じなさい。
・自分を孤立させないようにしなさい。
・友人や家族の援助を求めなさい。
・ペットを飼いなさい。
・大切にしているもの——花、音楽、お守り（写真、特別な意味をもった宝石や石など）——があれば、それらから元気を分け与えてもらいなさい。
・愛する人々とともに時間を過ごし、自尊心を高めるのに役立つことをやりなさい。
・自分の持つ能力を職場とは別の環境で生かしなさい（ボランティア活動やアルバイトなど）。
・資格を取ったり、新しい技術を学んだりしなさい。
・被害者的な物の見方を止めなさい。
・自分の人生の決定権をにぎっているのは自分自身であるということ、選択肢はいろいろあるのだということを理解しなさい。
・職場から距離を置き、広い視野で物事をみつめなさい。
・計画を練りなさい。
・自信をもちつづけなさい。

イメージが侵されるからです。次に挙げるのは、自分を強くする方法、傷ついた自尊心をふたたび取り戻すための方法です。

・自分が持っているさまざまな才能を吟味し、それに対して正当な評価を下すこと。
・やっていて楽しい活動に専心すること。
・自分自身を思いっきり甘やかしてあげること。
・前向きな自己との対話、自己肯定化をおこなうこと。
・自分のことを高く評価してくれる人々と過ごす時間をできるだけ多くとること。

自己との対話はとても重要です。積極的な自己肯定を行なうことによって、自分の中に眠る問題解決能力を呼び覚まし、勇気を取り戻すことができます。そして自分が持っている強さを認識し、感謝の気持ちが芽生えてくるのです。

ジョアン……「私ったらなにをくよくよ悩んでいるのかしら？　悩んだからといってどうなるというの？」なんて、気分が良くなったり悪くなったりを繰り返しながらも、そんなことを考えるのです。物事をちゃんと冷静に見る力を取り戻さなくてはなりませんでした。自分に言いきかせる必要があったのです。「子供たちも元気だわ。家の中はあったかいし。冷蔵庫には食べ物も入ってる。銀行にはまだお金も残っている。犬もしっぽをふってご機嫌じゃないの」って。

怒り、喪失、裏切りに対処する

ハワード……僕の心の中の声は、復讐心を持ってはいけないと言うんだ。強い憎しみは僕を破滅に導く、と。冷静に考えなければいけない。彼らは、一〇〇万ドルをくれたようなものだと思うことにしよう。でも、ここ三年間で僕が味わった苦しみは、一〇〇万ドル以上だよ。

精神的に傷つけられたという思い、そして自分は裏切られたという思いは、怒りの感情を生み出します。恐怖感もまた怒りを助長します。

そしてその怒りの矛先《ほこさき》を自分自身に向けることは、自らに害を及ぼし、職場いびりのストレスがもたらす影響を増幅させてしまうことになります。また罪のない人々に怒りの感情をぶつけることも、人間関係に致命的な傷を残しかねません。

大切なのは、怒りの感情がもたらすエネルギーを前向きな方向に向けることです。正しい方向付けをされたエネルギーは、穏やかでより安定した精神状態を取り戻す前向きな力となりえます。そうして、怒りは、そのうちに心から解き放たれるはずです。私たちがインタビューした被害者たちは、彼らが用いた方法のいくつかをおしえてくれました。

心情を書き綴ろう

ジョアン……はやくこの事態を切り抜けようと、私は怒りの感情をうまく使うことにしました。過去をふりかえるのではなく、未来に目を向けようとしました。それはたやすいことではありません。でも、ただじっとすわって自分のことを哀れんでいるのが、いい時間の過ごし方だとは思えないのです。

今感じていること、自分が置かれている状況、自分自身について書きつづってみましょう。どんな言葉づかいでもいいですから。たとえそれが自分の柄に合っていなくても、気にしなくていいのです。書いたものは、取っておいてもいいし捨ててもかまいません。

静寂な時をつくろう

時には一人っきりになれる時間を確保しましょう。明かりを薄暗くしたり、キャンドルをともしたりしてみましょう。好みで落ち着いた音楽をかけるのもいいでしょう。心の中にある苦しみや悲しみ、孤独感をあるがままに感じてみましょう。そうしてみると、深い嘆きとともにおとずれる穏やかな癒《いや》しを感じることでしょう。

大声でさけぼう

ジョアン……子供の頃から実践している方法がひとつあります。一人でそっと家を抜け出してどこかの田舎、まわりに人がいない場所へ行きます。そこでただ絶叫するのです。わんわん泣きます。なにもかも発散してしまいます。正気を失うかのように感じますが、実はその逆で、大声で叫ぶことによって正気を取り戻しているのです。自己流の絶叫療法みたいなものです。叫びつかれるころには、元気になっています。

体を動かそう

規則正しい運動をすること、またどんな形であれ身体を動かすことは大切なことです。しっかりした管理のもと、積極的に運動をすることによって、気分をよくする働きのあるエンドルフィン（訳者注—βエンドルフィンのこと。気持ちがいいときや楽しいときに脳内でつくられているらしい。脳内モルヒネとも呼ばれ、鎮痛・鎮静作用、免疫力を高める作用などがある。）が放出されます。あまりに気分が落ち込んで、どうしても一人で運動する気分になれないときは、誰かつきあってくれる人を見つけることです。ハワードは、つらい状況の中で身体を動かそうとすることがいかに難しいかをこう語りました。

ハワード……以前より、食事の量が増えてしまった。これほど無気力になり、やる気を無くしたことは、今までなかった。運動が体にいいのは分かっている。でも最近はほとんどやってない。

かたづけなければならない用事に手をつけてみるのもいいかもしれません。ただし、感情や体力や思考を大して必要としないことに限りますが。機械的に作業するだけでも気分はよくなるはずです。何かをやり始める、という最初のステップを踏むことによって、「達成感を味わう」という次のレベルにすすむことができます。朝起きる、用事をするのにあちこち動き回る、お風呂の掃除をする、お皿を洗う、洗濯する、クローゼットの整理、洗車、地下室の掃除など、長い間ずっとやりたいと思っていたことは何だってやってみましょう。一つ行動を起こすことですべてがかわるでしょう。また掃除や整理整頓は、象徴的に「物事をコントロールし、問題を解決する」ことを意味しています。そして最終的に「何かをやりとげた」という感覚を味わうことができます。

大好きなものに囲まれる

花、音楽、特別な意味をもつ持ち物など、大好きなものに囲まれた生活をしましょう。インタビューに応じてくれた人々のなかには、形見や幸運のお守りの助けを借りた人たちもいました。お守りといっても、自分の考えや感情や行動に、強く積極的な影響をもたらしてくれるものなら何でもかまいません。人々が自分に対して抱いてくれている信頼や愛を感じて、特別なパワーを与えてもらいましょう。

大切な身内や友人からもらった指輪、ブローチ、ちょっとした小物、またはカードなどを身につけたり、ポケットの中にしのばせたり、ナイトテーブルのうえに飾ったりしている人もいます。これらの品は、彼らを無条件に受け入れ認めてくれる生活の場が存在していることを示しているのです。

状況を正しく判断する

病気、死、失業、自然災害、事故、裏切り、離婚などの悲劇は人生につきものです。しかしこれらの出来事にたいする心の準備ができている人はそうそういるものではありません。私たちは、すべての人がそういった人生の悲劇に対処する覚悟をしておくべきだと思っています。ある人にとっては信仰が心のよりどころとなるかもしれません。また、赤十字が避難所、救助者、保存食、毛布、飲料水などを用意して災害に備えるように準備を整える人もいるでしょう。大切なのは、どんな状況が発生しようとも、たとえ何が起こっても、対処できないことなどないと信じることなのです。そして、自分にはどういう選択肢があるのか、自分はどんな反応を示すのか、どこに援助を求めるのか、などを前もって考えておきましょう。

ジャック……仕事上、いくつかの変化もありそうだったし、何とかやっていける、乗り切れる、と思ったんだ。そして四年前には、最終的にあの仕事を辞めても生活していけるようにと、今のこの事業を副業として始めたんだ。

著者（ゲイル・P・エリオット）……つまり辞める四年前から脱出を計画していたのね。いずれこうなるだろうと考えて。

ジャック……今の仕事で食べていけるようになるまでは、あの職場でできるだけ踏ん張ろうと思ったんだ。必然的にこうなることは分かっていたのさ。この仕事のことがあったから気持ちの部分で救われたんだと思う。

ゲイル・P・エリオット……次の基盤となるものをこつこつと築き上げていたわけね。プランを持っていたということね。

ジャック……そうさ。

人がいったん職場いびり（モビング）の構造を理解すると、それに向き合う覚悟ができ、策を練ることができます。その策は次のようにシンプルなものであってもいいのです——「私は何があっても自分の経験と可能性を信じる。絶対に信じられる。もし私が望めば他の仕事だって見つけられる。ゆっくりでいい。常に健康のことを考えて行動するのだ」。

ジャック……退職にむけて準備するのに三、四年費やすことができたのは本当に運がよかったと思うよ。無理なく移れたからね。

ゲイル・p・エリオット……もしそうしていなかったら？

ジャック……えぇっ？　そんなこと想像したくもないね。

インタビューの協力者たちは、今自分の身にふりかかっていることにはちゃんと名称があたえられているということ、それが認知された職場での集団行動形態の一つであるということ、そして自分に向けられている悪意はけっして自分のせいではないということを理解することによって、自分たちの体験を別の角度から見られるようになりました。

また困難に対処するのに最も適した方法は男性と女性では異なることも覚えておきましょう。男性のなかには、前述した対処法のうちのいくつかに抵抗を覚える人もいることでしょう（例えば、大声で叫んだり、お守りの助けをかりたりすること）。また女性にとっては職場との距離を保つことは容易ではないかもしれません。

最も重要なことは、今の状況が変わっていくことを信じ、自分の能力や人生経験への自信を決して失わないことです。そうすれば事態を切り抜けることもできるし、勇気も湧いてくるのです。

ユーモアの力

職場いびり（モビング）がもたらすさまざまな経験には、何ら楽しいことは見当たりません。しかしそんな状況の中にあってもユーモアの精神をもちつづけることによって、不安を軽減し、心を落ち着かせ、精神的に距離をおくことができます。ユーモアあふれる経験というのは愉快でうれしいものだし、幸福感をもたらし、精神衛生にもよいと考えられます。

私たちがインタビューした中の一人は、インターネットから見つけてきた様々なジョークがつまった分厚い紙の束を家族から手渡されたそうです。「もうそのジョークに夢中になったわ」と彼女は言いました。「中にはそれほどおもしろくないジョークもあるんだけど、気が付くとゲラゲラ笑っている自分がいたの」。

笑うことによって心血管系が広がり、全身への血液と酸素の流れがよくなるのです。呼吸器系の働きもよくなります。腹筋が伸縮し内臓をマッサージする―ノーマン・カズンズ博士の言う「体内ジョギング」です。脳は体内の自然鎮痛物質であるβエンドルフィンを放出し、私たちを「内なる薬剤師」(原注3)と出会わせてくれます。よく笑ったあとに気分がいいのは、こういう理由によるのでしょう。

私たちがおすすめするのは、ユーモア――笑いの種――を探すことです。必ずしも今いる苦境の中から見つける必要はありません。それ以外のシンプルな日常の場面で探せばいいのです。そうすれば、しばらくの間、自分自身から何か他のものに注意をそらすこともできるからです。

専門家を選ぶときには慎重に

専門家の支援は絶対に必要です。しかしすべてのセラピストが職場虐待のもたらす破壊的な影響に精通しているとはかぎりません。レイマン博士は、長期間にわたる職場いびり(モビング)は人格破壊を起こす可能性があると述べています。彼はまた、被害者が心的外傷後ストレス障害(PTSD)

を患っている場合、その人の本来の人格を判断することは不可能である、とも指摘しています。

したがって、PTSDを診断する訓練を受けていない、またはPTSDの原因となり得る職場虐待や集団いじめに精通していない専門家たちは、誤った判断を下すかもしれないのです。彼らは「この患者は多少いじめられやすい人である」「この患者にはいじめが起こる前から性格に問題があった」などという烙印を押し、被害者がその事態を招いたと考えてしまいます。

このように、場合によってはセラピストが患者の苦痛に追い討ちをかけてしまうことがあります。ジュディス・ワイアット博士とチョンシー・ヘア博士は、個人が本来もっている強さを回復させることを目指して開発した、詳細な治療手順と手引きをその著書『職場の虐待』（一九九七年）の中で詳しく説明しています。その中で彼らは、セラピストの選び方を示し、可能な治療のプロセスについて説明しています。また職場虐待への対処の仕方についても順を追って教え、セラピストに向けては、どうしたら患者を最も適切に救えるかを指示しています。

訴訟を起こすということ

あなたが今もし職場でいじめの苦痛や恐怖を味わっているなら、自分にはどんな法的権利があるのだろうと考えることでしょう。

職場いびり（モビング）の現象や被害者への深刻な影響があまり知られていないため、被害を受けた人たちは、責任は自分たちにあるのではないか、また、そのことを訴える余地などないのではないかと感じてしまいます。私たちがインタビューした人たちの多くも、訴訟をおこすべきかどうかで悩んでいました。

訴訟手続きをためらう理由

職場いびり（モビング）の被害者が、法的手段に訴えることをためらう理由はたくさんあります。

・雇用者と成文契約をかわしていないので、自分には訴える権利がないと思っている。
・いびられたことのすべてを詳細に記録していなかった。
・精神的に傷つきやすい状態にあり、有能で信頼できる弁護士を見つけるという作業はあまりにも重荷である。
・訴訟には多額の金額がかかり、ストレスも多く、終了するまでに何年もかかることがある。それに対し企業は弁護士を抱えている場合が多く、何年間にもわたって法廷で闘うことができる。
・自分の評判はどうなるだろう？　もし他の雇用主が告訴の事実を知れば、自分の専門分野で新しい仕事を見つけることは難しくなるかもしれない。大衆の詮索《せんさく》の的になりたくないし、職を失う屈辱のうえにさらにくやしい思いをしたくない。非は自分にあるのかもしれないと考えている場合は、なおさらそうである。
・職場いびりに遭ったにもかかわらず、会社や自分の仕事への忠誠心、また雇用者に損害を与えたくないという気持ちがあるため、心に葛藤《かっとう》がおこる。
・家族や友人たちが、訴訟によって結局は状況が悪化し、きっと失うもののほうが多いだろうという考えを吹き込む。彼らのアドバイスは「そこから逃げ出しなさい」「辞職してしまいなさい」「新天地をもとめなさい」である。

・法的賠償を求めるということには個人的にさまざまな犠牲が伴い、金銭的にも経費がかかる。そして、その結末といえば、本来不確実なものでありストレスを助長するものである。

訴訟を決心させる理由

・これ以上いじめの苦痛を与えられたくない。
・自分や同じ目にあっている人びとのために権利を主張したい。
・今までに一所懸命職場いびりの詳細を記録してきた。
・職を変える過渡期において、経済的な支えとなる賠償金を受け取りたい、またはそれが必要である。
・将来同じことが起こらないよう雇用者が警戒するようになって欲しい。

これらすべての事を慎重に考慮し、訴訟手続きを進めていきたいという結論に達した人たちに言いたいことは、次のことです。

行動を起こそう

もしあなたがいま職場いびり（モビング）にあっているなら、日時、場所、誰がそれにかかわっていたか、そして何が起こったかをしっかり記録しておくことです。日記をつけましょう。自分をとりまく職場いびり（モビング）問題の概要をできるだけ明確に記述しておきましょう。あまりにも動揺していて自分の考えを書き留めることができない場合、もし可能なら、話のわかった信頼のおける友人に手伝ってもらいましょう。そしてできるだけ万全な準備を整えて弁護士のもとを訪れなさい。信頼できる弁護士ならば親身になって励ましてくれるし、あなたが言わんとすることを理解してくれます。

弁護士には、弁護料とその他の経費はどのぐらいになるか、支払いの取り決めはどのようなものかをたずねる必要があります。たとえ家族や友人から資金を援助してもらうことになっても、訴訟を起こすだけの根拠があると思われるなら、やってみる価値は十分あるでしょう。

弁護士のもとを訪れることは内密にしておくほうがよく、特に職場のだれにも知られないようにするのが賢明です。もしあなたが弁護士に相談していることが雇用者に知れたら、すぐにあなたを解雇するための措置がとられてしまうかもしれないからです。

警告

弁護士があなたの訴訟に同意してくれる時、それはたいてい「勝つ見込みがある」と思ったからです。しかしあなたの弁護士がどんなに有能でも、どんなにあなたの立場が有利に見えても、あなたがこの国の法律制度の中で勝利をおさめるという保証は全くないということも心に留めておいてください。

調停による和解――妥当な選択?

もし早期に正当な和解を実現させることができるのなら、それも賢明な策です。そうしなければ、裁判が長引いて、より一層の精神的ストレスや金銭的重圧に苦しむかもしれませんから。おまけにその長引いた裁判の結果が敗訴に終わる可能性さえあります。和解の内容には、退職金、未消化の有給休暇、健康保険、生命保険、障害保険などの給付金の他、給付期間は個々のケースによって異なるでしょうが、年金なども含めます。また、推薦状や紹介状を書いてもらうという取り決めや、個々の事例に当てはまるその他の事項、例えば退職金の金額については争わないという協定などを取り決める必要もあるでしょう。

可能性は無数にある

私たちは幸運にも、無数の可能性を秘めた社会に住んでいます。成功をおさめることはいつだって可能です。けれど成功とは何を意味するのか、それぞれ自分なりの規準をきめておく必要があるでしょう。人生における成功とは人によってちがい、上品な人となること、他の人々を助けること、あるいは自分の価値観にそって生きることかもしれません。また別の人にとっては、愛情に満ちた結婚生活、すばらしい子供に恵まれること、あるいは深い信仰心をもつことが成功なのかもしれません。

あなたはこれまでずっと自分自身をみがいてきたのです。仕事があなたという人間をつくるのではありません。あなたが仕事をつくりだすのです。実際、かつて職場いびりの被害者だった多くの人が自分で事業を始めています。彼らは、別の会社で働くことを当てにせず、過去の体験を超越する強さを持っていたので、自分たち独自の才能を伸ばし思い切って独立したのです。

立ち直ること、そして前進すること

ハワード……どうしたら前に進むことができるのか？　自分の行動に責任をもつべきだというのなら、この場合も、しょせん自分がまいた種だということになるのだろうか？　僕には大学を卒業した子供が三人いるが、彼らはみんな言うんだ。「忘れてしまいなよ」と。

職場いびり（モビング）の苦痛に耐えられるかどうか、そしてそのいじめから受けた傷が癒えるかどうかについては、多くの要因によっています。

・どれほど深く傷つけられたか。
・自分の身に起こっていることをどのくらい早く理解することができたか。
・友人や家族の援助を得られるか。
・職場いびり（モビング）のせいで性格や健康状態がどのくらい変化したか。

ハワード：安心していいのは、これのせいで人生がダメになることはない、ということなんだ。前向きに生きていけばいいのだ。

・セラピーにどのくらいの効果があるか。
・自分の成長をうながしてくれるような環境――自分の真価が認められ、成功を収めることができる場所――における仕事または活動を見つけられるかどうか、あるいはすでに見つけたかどうか。

数ヶ月間感情が麻痺した状態で過ごした後、ハワードは彼のことを高く評価してくれる職場での臨時の仕事を見つけました。ジャックおよび他の数人は、自分の事業を立ち上げました。一方、ロンは他国で数ヶ月間コンサルタントとして雇われた後、再び働くことはありませんでした。ジュディは、二年間深刻なうつ状態に苦しんだ後、過去の専門職の経験をいかして、別の都市で仕事を見つけました。彼女は、今は、こう言っています。

信じられないことだけど、みんな素晴らしい人たちばかり。みんな私のやっている仕事に敬意を表してくれるの。私は今自信をとりもどしつつあるわ。

・〜・第四章 原注・〜・

1 トム・ゴールディン Golden, *Tom. Swallowed by A Snake: The Gift of the Masculine Side of Healing*, 一九九六年

2　K・ウェスチュース著『教授を辞めさせる方法』に記載の、職場いびりをテーマにした一五本の映画リストを参照した。

3　コージンス、一九七九年

第五章
家族と友人

家族と友人におよぶ影響、そして彼らにできること

私の光の天使となってほしい。
ここに来て、私の手をとっておくれ。
私の手は届かないかもしれない。
それでも私には触れ合いが、抱擁が、
友が必要なのだ。

——ゲイル・パーセル・エリオット

家庭で愛されている人間に完全な屈辱を与えることはできない。

——ケネス・ウェステュース
『追い出される教授』

・〜・〜・〜・〜・

この章では、視点をかえてみましょう。ここでは被害者の家族や友人たち——被害者にとって最も重要な支援組織——にむけて、職場いびり（モビング）に苦しむ人たちの身にいったい何が起こっているのかを明らかにしていきたいと思います。初期の段階に見られる警戒すべき徴候を挙げ、被害者が絶望の迷路からの出口を見つけるにはどのようにサポートするのが最適かを示します。

被害を受けた人たちに言いたいことは、「あなたの家族や友人は、以前とは違うあなたに戸惑い、どう向き合ったらいいのかわからない。たとえあなたが事情を話しても、彼らには実のところ何が起きているのかよく理解できないのです。彼らもまた自分は何の役にも立たないと感じているのかもしれないのです」。

何が起こっているのか

誰かが重病にかかると、周囲の人々はたいていその人のことを気の毒に思い、支援の手をさしのべます。電話をかけたり、お見舞いのカードや花を送ったりします。しかし、職場いびり（モビング）の場合は、周りの人間が何もしないことが多いのです。

職場いびりの被害者が実に長期にわたって経験する動揺や混乱は、彼らの自己の存在感を危うくしたり行動に変化をもたらすだけではなく、彼らの大切な人間関係すべてに影響を与えます。被害者の中には、自分の殻に閉じこもってしまう人たちがいる一方で、つらい体験についてひっきりなしに話さずにはいられない人たちがいます。彼らは周りの人が自分の考えや意見に賛同してくれることを望み、共感してもらうことを渇望《かつぼう》しているのです。周囲の人々に支えてもらいたいがために、同じ話を何度も繰り返します。配偶者、家族、そして友人たちは、同じ話を何度も聞かされ、精神的に押しつぶされそうに感じることがあります。やがて彼らも目をそらすようになってしまいます。

彼らはこう思います。「一体どうしたのだろう？」「彼はどうしてこんなにイライラしているの？」

「なぜ彼女はもう電話をかけてこないのかしら？」「どうして彼女は落ち込んでいるの？」

ダイアナ……私がすっかり意気消沈していたとき、娘たちを見たらすごく心配そうにしていたの。今でもあのときのあの子たちの顔を覚えているわ。母親を助けることができずにいることが哀しかったのね。

ハワード……子供たちは、自分たちの父親に何が起こったのかを全く理解できていません。子供たちは僕にこう言いますよ。「これはすべて試練なんだよ、父さん。成長するいい機会

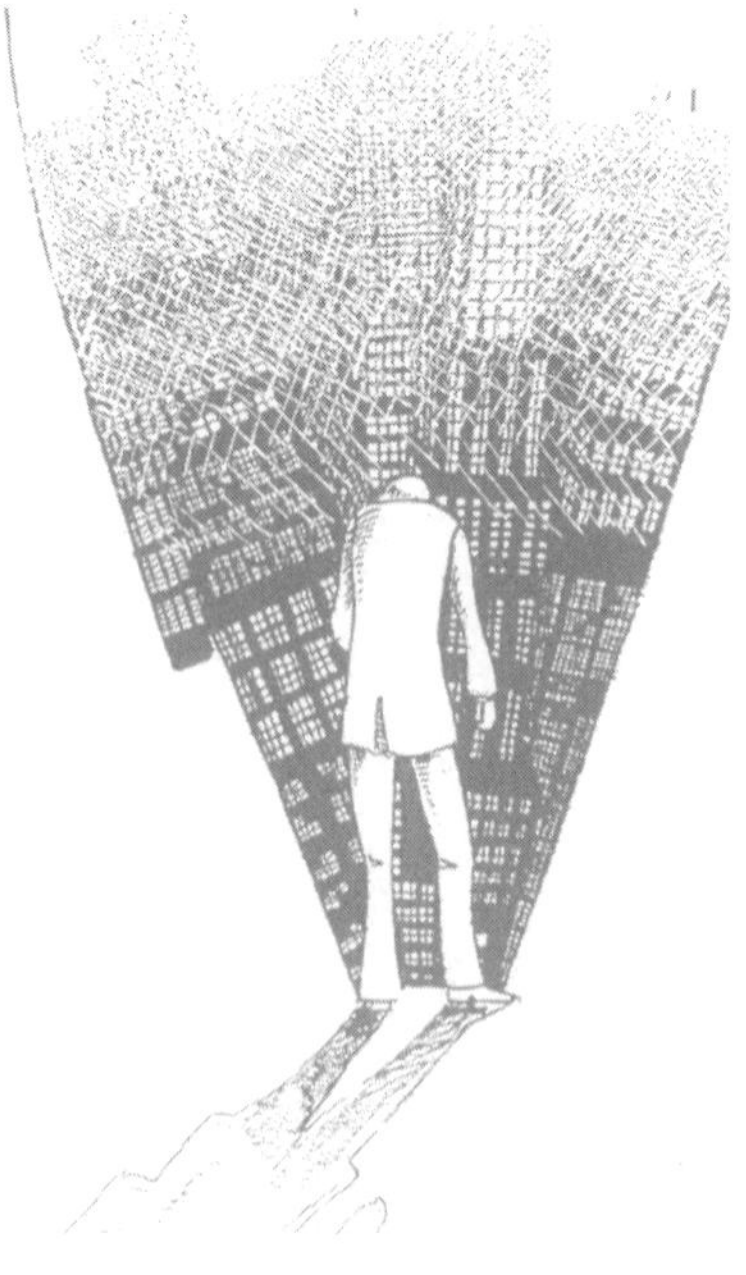

誰にも事情を話すことはできない。屈辱的なうえ、ますますひとりぼっちの気分になってしまから

としてとらえるべきだよ」って。

ジョアン……突然発作が起きたように泣き出すことがありました。そんなときには隠れて泣きました。子供たちには泣いているところを見せたくなかったから。あの子たちが気づいていたかどうかは分かりません。

ジュディ……教会へ通い始めたわ。話す相手は誰もいないの。だれがこんな話を聞きたがるかしら？　だれも聞きたくないと思う。それにもちろん私だって誰にも事情を話す気はないわ。だって屈辱的だし、ますますひとりぼっちの気分になってしまうもの。

キャサリン……自分の感情を表に出さずに、何もかもうまくいっているふりをしてしまうの。そういう芝居を打っていると、まわりもそれに合わせるそぶりをするわ。

ジュディ……それでますますひどい状況を招くことになるの。

いつもとはちがう自分

職場いびり（モビング）にあっている被害者たちは、平素の自分を全く失った状態にあります。ある者は、恥ずかしい思いを持ち、悲嘆にくれ、罪の意識すら抱くあまり、ふさぎこみ、人との交流を断ってしまいます。ある者は自分の苦しみやを自分が複雑な状況にあることを人に打ち明けることができませんでした。彼らは何も信じられずに途方に暮れているのでした。

ハワード……それで自分自身に問い掛けるのです。どうして自分は正常に機能できないいんだ、って。ここまで人生を乗り切ってきたのに、それが突然使い物にならなくなる。自分がそんなふうになってしまったなんて、認めたくないいんだ。

早期に見つけたい危険信号――行動に生じる異変

次の頁に挙げるのは、あなたの身近にいる大切な人にとって異常と思われる行動です。他に特別なことがないかぎり、あなたの家族または友人は職場で重大な危機にひんしていると考えるべきです。異常な行動が長く続くときには、それは、職場いびりに苦しんでいるサインである可能性が高いのです。それらのサインは決しておざりにせず、真剣に受け止めなければならないものです。

支援の手をさしのべることの難しさ

前述のように、職場いびり（モビング）の被害者たちは職業人としての尊厳を失い、まるで自分自

行動に生じる異変

・会社の話を何度も繰り返す。または職場の人たちの態度についてくよくよ心配する。
・何も話さなくなる。または口数が少なくなる。
・過剰なまでに否定的になる。
・びくびくしている。疑い深い。不安である。
・突然泣き出す。
・イライラしている。
・抑制できないほどの激しい怒りを見せる。
・人から隠れる。ひきこもる。
・感情を表にあらわさないようにしようとする。
・人からの援助を拒絶する。
・援助を求めてくる。援助を必要としている。
・物事に集中できなくなる。少しの間も何かを読むことに集中できない。
・忘れっぽくなる。
・疲れている。
・常に体を動かしている。
・動作や話し方が遅くなる。
・過剰なエクササイズ。またはエクササイズをしなくなる。
・食べ過ぎる、またはほとんど食べない、など食習慣が変わる。
・タバコの量が増える。
・睡眠障害。
・過度のショッピング、過度の掃除など強迫神経症的な行動が現われる。
・部屋、台所、家が極端に散らかっている。
・請求書の支払いを怠る。
・服装や衛生状態など、外見に変化が現われる。
・何かにとりつかれたように見える。表情に変化が現われる。
・事故やけがにあいやすくなる。
・深刻な健康上の問題を抱えているようにみえる。

身の死を経験したかのように感じています。職場いびりのせいで、彼らがそれまで抱いていた彼ら自身のイメージが破壊されてしまったからです。

「悲嘆に暮れる」というプロセスをたどる彼らは、自分が失ったものや先の見えない未来に向き合うことができるようになるにつれ感情が表出してくるようになります。怒り、恐れ、否定、取引、受容といった、悲しみのプロセスにはつきものの反応が現われてきます。また、このプロセスを乗り越えるには時間もかかります。中には、寡黙《かもく》になり、しばらくの間、人から遠ざかる必要を感じる人もいれば、何か自分の意のままになるものが欲しくて、いろんな活動や忙しい仕事に携わる人もいます。法的な防備を準備しはじめる人もいるでしょう。率直に自分の気持ちを伝えることなく、孤立し、防御を固め、それゆえに家族に途方もなく重い負担をかける人たちもいます。

また被害者の中には、もはや誰を信用していいのか分からず、疑念に満ちた態度をとるようになる人々もいます。とりわけこのことは家族をさらなる混乱に陥れ、家庭内におけるコミュニケーションの形態を複雑なものにしてしまいます。こういう状況になると、対立は家庭内でおこり顕著になりエスカレートしていきます。

サポーティブ・コミュニケーション——お互いの考えや気持ちに耳を傾けること——は、もつれていた思考や感情をほぐし、話し合うのに役立つ方法です。しかしこの方法は、単純なものであるにもかかわらず、なかなか実行が難しいものです。

ジョアン……母に話そうとしました。でも母は「これは全部カウンセラーに言わなくてはだめよ」と言うのです。私は言いました。「あのね、もし家で話を聞いてくれる人がいたら、カウンセラーなんていらないのよ。でも母さんは聞きたくないのね、私の話なんて」。母には無理でした。なにしろひどくうろたえましたから。私が思っている以上に彼女にとっては衝撃だったのです。この問題は、親しい人間関係にまで波紋を投げかけるということです。

危機的状況が長引くにつれ、被害者の夫や妻たちは、常に介護者の役目を割り当てられる一方で、現実に存在する問題を取り除けずにいるという事実に打ちひしがれてしまうようになります。彼ら自身も支援を必要とし、その支援を誰からも得られない状態に陥ります。このようにアンバランスな関係があまりにも長く続くと、別居や離婚という結果を招くことにもなりえます。

ジョンの妻……私は長いこと彼を精神的に支えていました。でもある時、もうそれ以上は無理だと思いました。私は彼のことを無視し始めました。そこから逃げ出したかったのです。家にいるとき、彼はただソファーに座り、それらの出来事について書き記していました。それが終わったかと思うとイヤホンをして音楽を聴くのです――くよくよ考えないようにするためだとは思いますが。それを見ていると気が狂いそうになりました。彼の存在から目をそらすようになったのは、そんな彼を見ているのは耐えられなかったからです。来る日も来る日も、彼はとてもまともとは思えない職場に出かけていきました。そして私は毎日そういう状況から逃げることを考えていたのです。

ジョアン……そのときはまだ結婚していました。でも夫は私にただこう言うだけでした。「カウンセラーに診てもらう必要があるんじゃないかな」。私が必要としていたのは、体に手をまわして「何もかもきっとうまくいくよ」と言ってくれること、そしてしばらくのあいだ抱きしめていてくれることだったのですが。私は必要としていたいたわりを与えてはもらえませんでした。ある晩、本当につらい一日を終えて帰宅しました。でも夫は私を見るなり、映画を観に行くからまたあとで話そう、と言ったのです。

アランの妻……延々と繰り返される同じ話を聞くのは、もううんざりでした。来る年も来る年も続くのですから。そしてとうとう、もうこれ以上こんなことを続けるのは無理だと悟ったのです。彼には私以外の誰かと解決法をさぐってもらう必要がありました。

家族や友人に長期間にわたるサポートを求めることは酷なことです。彼らも被害者と同様に、打ちのめされているのです。愛する人が苦しんでいるのを目の当たりにし、彼らは無力感を感じていることでしょう。自分の家族や友人が、危機に直面し、恐れを抱き、常に不安にかられているのを見ながら、彼らの行動をどう解釈していいのかわからないのですから。サポートする側もされる側も、お互いが必要としているものを懸命に理解しようとしなければなりません。そうすれば職場いびり（モビング）の渦中にあってもその後であっても、被害者とその周囲をとりまく人々との関係がつまずくことはありません。

ルイスの妻……激しい怒りの感情を乗り越えるまでは、ひどくつらい思いをしました。今やっとどうにか落ち着いてきたところです。だってあまりにも不当な仕打ちだったものですから。心の奥底では、復讐心に燃えた人間になどなりたくないと思っています。でも正義が勝つのをこの目で見たいじゃないですか。家族があまりに不当な扱いを受けているのを見ていると胸がはりさけそうになるんです。状況を変えるために私にできることなんてひとつもない。だから腹が立ってイライラし、無力感に襲われるのです。とても現実とは思えません。まるで深夜番組でホラー映画を観ているかのようです。

時折、家族や友人たちの奮闘は何の効果ももたらさないように思われます。被害者の中には、安全ネットのように自分のまわりを包んでいる支援を受けいれる勇気が持てない人たちもいるのです。愛情にあふれたサポートシステムに恵まれながら依然として落ち込み、生きる力を失い、自殺を考えたりする人も私たちは何人か見てきました。そのような被害者たちに専門家のカウンセリングを受けるように勧めることは重要で、必須事項ともいえます。彼らの代わりにセラピストに予約の電話をかけたり、セラピストのもとへ連れて行ってあげることが必要かもしれません。しかし、同時に理解しておかなければならないのは、特に配偶者からさしのべられるそのような支援が、彼らのさらなる自信喪失につながる可能性もあるということです。もし被害者が拒否するのなら、家族は被害者の彼または彼女らしからぬ行動によりよく対処できるように、自分たちがセラピストを訪れることを考えてもいいでしょう。このつらい体験を乗り切るためには、じっくり時間をかけること、辛抱強くなること、そして信念をもつことが重要な要素です。しかしもし実現可能ならば、被害者がその「戦場」を去ることができるようにしてあげるのがいちばん必要な支援なのかもしれません。

キャサリン……本当にありがたかったのは、夫がすぐに理解を示してくれて、あの職場から逃げ出すように、そして自分のビジネスを立ち上げるようにと励ましてくれたこと。彼の励ましがなかったら、こんなことはできなかったわ。

アラン……妻がいなかったら、こうはできなかった。彼女がいてくれてとても助かったし、精神的な支えになってくれた。それに彼女がもっているアイデアは素晴らしいんだ。彼女が私の妻でいてくれたこと、そして今でも変わらずに一緒にいてくれることは、私にとって本当に運がよかったと思う。

ルイス……得られる限りのサポートはすべて与えてもらった。家族はできるかぎりのことをやってくれたと思う。

肯定してあげることの重要性

ジョアン……自責の念にかられていました。恥ずかしいとも思ったし、混乱もしていました。偶然誰かに出会うかもしれないと思うと、街に買い物に行くことさえ怖かったのです。

家族や友人たちにできるもっとも重要なサポートは、その人の長所、性格、勇気、業績を言葉ではっきり肯定してあげることです。そして考え得るあらゆる方法で愛情を示してあげなければなりません。

そうすることで、被害者は自分らしさを取り戻すことができるのです。

ジョアン……西海岸にいる家族を訪れたのですが、本当に心が癒されました。彼らは仕事の話題なんて持ち出しません。ただ愛情と好意をもって迎えてくれたのです。私のことを思いっきり甘やかして、笑わせてくれました。

サポート術――そこにいること

自分のことを気づかい、理解し、あるがままに受け入れてくれる人がいる、ということを知っているだけで、何もかもが違ってくるものです。

『効果的に人を助ける方法』(原題：The Art of Helping People Effectively)のなかで著者S・C・マホニーは「存在のサポート術」とよばれる概念について説明しています。簡単に言えば、これは受容的な心の状態でただ「そこにいること」です。

サポートを必要としている人のその時の必要に十分応じながら、言動は控えめにします。このサポート術の効果は、ただ私たちの存在を通して伝わるもののみに依っているのです。

食事や本屋に誘ったり、散歩に連れ出してあげるのもいいでしょう。——ただあなたの元気を分けてあげるためだけに。それが最終的に、彼らに力を与えることになるのです。

インタビューに応じた人たちが、次のように教えてくれました。

ジョアン……ある友人がこう言ってくれました。「これから九〇日間は、何でも言いたいことを言っていいわよ。何回同じ話を繰り返してもかまわない。たとえ同じ話を一八回繰り返したとしても聞いてあげるわ。もし、「ふうん」って相槌をうつ以外何もして欲しくなければ、そうする。そんなことは平気よ。とにかく言葉にしてみるのよ。でもその九〇日間が過ぎたら、一緒に前向きなプランを立てましょう」。

ダイアナ……私に大きな力を与えてくれたのは、電話をかけてきて「今何してるの?」とたずねてくれる誰かがいたということ。私が何もしていないことを良く分かっていて、「食事に行きましょう。おごるわよ」って言ってくれた。私のことを気にかけてくれていると感じたわ。私たちは外に繰り出して、声を出して笑い、おいしいものを食べた。あんな苦境にあるときでも、もしあいうことがたびたび起こってくれたら、とても楽になれると思うわ。

ジョアン……もっとも難しいことのひとつは人に助けを求めることでした。私は、人に何かを求めたりできないたちです。そういう風に育てられたのです。人にものを頼むことなどほとんどないので、その分与えてもらうものも少なくなります。人って普通、頼まれるまで何もできないですものね。

ジュディ……教会に一人、よく電話をかけてきてくれたり、カードを送ってくれたりするひとがいたの。私にとってそれは大きな慰めだったわ。

ルイス……ただ無条件のサポートがあればいい。彼らがそこにいてくれると分かっていることが大事なんだ。

友人や家族は、次のような質問をして、被害者が今の仕事を続ける以外に取りうる道を探し出し、それに向かって準備をすすめていけるように促してみる必要があるのかもしれません――「この状況で、くじけずにどのぐらいやっていくことができると思う？　もし今日この仕事を辞めると決心したら、あなたの人生はどんな風になりそうかしら？　あなたはどういう風に変わるでしょう？　何が変わると思う？」

ダイアナ……カリフォルニアいる友人が電話をかけてきて言ったわ。「よく覚えておいて、ダイアナ。外に目を向けるの。この世は広いのよ」。

可能性はいろいろあることを忘れないで

支援の手をさしのべる　家族や友人にできること

・まず、最初に話を聴いてあげよう。
・職場いびり（モビング）という現象を認識し、事実として受け入れられるよう、手助けしてあげよう。
・セラピーを勧め、セラピストの名前をいくつか教えてあげよう。代わりに電話をかけることを申し出よう。
・医師のもとを訪れることを勧めよう。薬を服用することも有効かもしれないと助言しよう。
・弁護士に相談することを勧めよう。弁護士の名前をいくつか教え、予約の電話を入れることを申し出よう。
・お金をうまく管理する方法を提案しよう。
・早期に別の就職口を探すこと、脱出を計画することを勧めよう。
・履歴書を書くのを手伝い、他にどんな仕事が考えられるか助言しよう。
・友人を誘い、支援のためのネットワーク作りをしよう。
・映画や夕食にでかける、散歩に行くなど、一緒にできる活動を提案しよう。
・電話をかけてあげよう。カードや花を送ってあげよう。
・役立つ本を紹介したり、貸してあげたりしよう。
・「存在のサポート術」（ただそこに居ることがサポートとなる）を実行しよう。
・そして、最後にまた話を聴いてあげよう。

聴くことによるサポート——役立つ言葉

サポーティブリスニング（話を聴くことがサポートである）をするときに重要なのは、いい意味で発した（口にした）つもりの言葉が、必ずしも被害者の救いになるとは限らない、と心得ておくことである。受け入れられやすく、被害者が自分なりの解決法を見つけるのに役立つ語句というのがあるのだ。

役にたたない語句	役に立つ語句
あれはあなた向きの仕事じゃなかったのよ。 何かこれの原因になることをしたのね。 気分は良くなるというよりむしろ悪くなるでしょうね。 人生はこれから先まだまだあるのよ。 もうそれは聞きたくないわ。 何かできることがあったら電話して。 もう忘れて立ち直るのよ。 もうそれは２回聞いたわ。 もう忘れてもいい頃よ。 あなたの肩にかかっている責任というものを考えてみてよ。 強くなりなさい。	調子はどう？ 私には何ができるかしら？ いまの気持ちを聞かせて。 つらいでしょうね。 なにがいちばんつらい？ 明日電話するわ。 本当につらい思いをしているでしょうね。 本当に腹が立つでしょうね。 必要なだけ時間をかけなさい。 いま何をいちばん望んでいる？ 気持ちを打ち明けてくれてありがとう。 可能性がいろいろあることを忘れないで。

第六章　組織

組織はどのような影響を受けるのか、組織に何ができるのか

サービスや品質において優秀な会社が、社員の扱いについても、倫理を強調しているのは偶然ではない。

―エミリ・S・バスマン
『職場での虐待―管理対策と底辺への衝撃』

あなたがそれをどういう風によぼうとも、「職場いびり（モビング）」は存在するのである。私たちはそれを容認することはできない。私たちは明確な行動方針を持っている。そして社員たちは、職場いびりが我が社の行動方針に違反していることを理解している。

―ロビン・ウインバーン
レヴィ・ストラウス社人事部企画課

・〜・〜・〜・〜・

組織が職場いびり（モビング）に襲われた時、生産性、士気、人間の苦しみ等をお金に換算するとすれば高いものになるはずです。人々が組織での目標や担当業務から、自分の個人的な対処や生き残りへの駆け引きの方へと目を向ける対象を移したとき、チームワークは困難なものとなります。
次に、私たちは、職場いびりが発生している組織の、役に立ちそうな、たくさんの警戒信号を提示したいと思います。

会社によっては職場いびりを戦略として使うことがあるので、そういう意図的に組織トップが職場いびりをおこなう会社と、意図的でなく職場いびりが発生している会社とをはっきりと区別することが重要です。後者の場合は、リーダーが何も知らずに気づかないまま、放っておかれたか、あるいは従業員が辞めていった悪循環的な出来事について正しい報告がなされていなかったかです。職場いびりは管理者側がそれを見逃しているときにのみ発生するのです。

あらゆるタイプの組織で

職場いびり（モビング）はあらゆるタイプの組織および事業体で起きます。大小を問わず、会社、政府、非営利団体、健康管理産業、教育機関など、どこでも起こり得ます。第二章でも言ったように、小さな組織や非営利団体は職場いびりの影響をより一層受けやすいと思われます。なぜなら、彼らは、防御策をあまり持っていないからです。一九九八年に発行されたケネス・ウエスチュース著『追い出される教授』（原題：Eliminating Professors）に指摘されているように、職場いびりは医療機関や高学歴の職場により多く見受けられます。

しかしまた、多くの組織は、チームワーク、活力化、信頼、誠実さによって、また、オープンで密な情報交換、スタッフの能力開発、更に、苦情や紛争処理手段の確立によって、職場いびりを防止しようとしています。これらの努力が行なわれれば行なわれるほど職場いびりは防止できます。

警戒信号

社員に対する対策が立てられないままに起こる重大な変化

変化というものは、恐怖と不安の原因となります。充分な情報と準備がないとき、また、社員の協力と参加がない時に職場いびり（モビング）の原因となりうる変化が起きるのです。

一個人が突然、標的となってしまう

どの組織にも「噂好きな人」がいるものです。しかし、噂が人々の個人的な、あるいは仕事面の評価を貶《けな》し始めたとき、それがたとえ冗談めかしたものであれ、ひそひそ話であれ、これは職場いびり（モビング）が大きくなり始める兆候なのです。

ハワードは、職場いびり（モビング）に遭っていると思われる一人の同僚の味方をしていました。

——僕は、ボスに言われた。「なぜ彼女と話していたのだ？　彼女に同情しているのだね？」これが、僕がボスから受け取ったメッセージだった。このボスは彼女のことをばかにしていた。彼らは目玉をぐるりとまわして、笑うのだ。非人間的なんだ。モラルがないんだ。僕は全く無力で、彼女もまた無力だった。

ショーンの同僚……彼らはその日、僕たちを助けてくれなかった。ひどい要求を突きつけてきたんだ。彼らの話し方はとてもきびしく、そのうえショーンにとてもしつこくからんできた。まるで初めからそのつもりみたいだった。ショーンをわざと怒らせようとしていた様にみえた。それを黙って座って見ていなければならないのは、僕にとって腹立たしいことだった。そのことで何か言えば僕が馘《くび》になるのではないかとこわくて何も言えなかったんだ。翌日、部長が僕にこう言った、「笑って我慢しておけ」そして別の一人が付け加えた、「もし、仕事をつづけたいのならね」。

彼らはショーンが解雇された後、戻ってきた。彼らは以前よりずっと親切で、命令したりこき使ったりするかわりに暗示するようなことをするんだ。これは、僕を余計に腹立たしくさせた。このことで、僕は、彼らが、あの日、ショーンを追い出そうと仕組んで来たんだという確信を強めた。

先に、私たちは新しいボスや上司が、脅威と感じる部下をいびりはじめる状況について述べました。加害者の上司は、部下が決定したことや判断したことに疑義をはさみ、この時点までは十分に満足できた仕事に対しても疑問を差し挟むのです。

ジュディ……私はこの会社に一九八三年から一九九四年まで働いていました。いじめの的にされたのは私と同じ年齢層で長く在職していた者たちでした。私たちは、全体的に、仕事がよくできました。内容的にみて、いい仕事をしてきたといえます。ところが、ある日突然、私たちに、このような低い評価が下されたのです。それはひどいものでした。いったいどこからそういう評価が出て来たものかわかりませんでした。私は泣いてしまいました。

新しい上司は、会社のために新しい規準をつくる権限を持っている、との印象を周りの人たちに与えたかったのでしょう。

ハワード……僕は長年この会社で働いてきました。新しい取締役が着任してきたその最初の日から、彼は僕をごみくずのように扱ったのです。

ジュディ……新しいボスが来ました。彼の私たちへの接しかたは品位を疑うようなものでした。彼との会合にはいつも私の秘書が一緒で、これは今まであまり例のないものでした。私の秘書の前で彼はこう言うのです、「みんなが、君は後で電話をかけ直してくれないと文句を言っているよ」。私は聞き返しました。「みんなって誰のことですか?」

一日に八時間も電話の前に座っているのですから、私がしていたことの中には電話を掛ける行動も当然含まれている筈だからです。だから彼が私に「君は電話をかけなおしていない」と言うのは、私に言わせると「何ですって。いったい誰が週末とか夜に、電話を掛けるのですか？」ということになるのです。私は聞きました「誰なのです？」「みんなだよ」とボスはまた言いました。「この質問には答えられません。あなたがいったい何を言っているのか解らないのですから」。すると彼はこう言ったのです。「ちゃんとメモを取っておいたほうがいいよ、君を監視するつもりだからね」（訳者注：おそらく、彼女がいつも仕事机にいない、どこかでサボっているとボスはいいたいのでしょう）。

部門、階層を超えた同盟

いじめの兆候は、上部の管理層がある地位にいる人を追い落とそうとしたり、内部で政治的な策略を立てはじめたりした時に、具体的に表われてきます。いじめの加害者が、標的になった者に対して卑劣な手段を使った攻撃行動に出るときには、部下の者たちをも巻き込んでゆきます。

ジョアン……あなたがいじめられている側ならば、いつ周りの人々が、あなたに密かな攻撃をしかけてくるかが解るでしょう。どうやってそれを止めるかということと、どういうふうにそれに対処するのかということとは、ぜんぜん別のことなのです。いじめの張本人は私の直属の部下と仲良くできる立場にいたのです。彼が私の部下たちに近づけば近づくほど、部下たちは私から離れてゆきました。

部下たちはたぶん、いろいろな理由で上層部のいじめに同調するでしょう。特に自分たちの仕事を守るために。

ジョアン……私がいくつかの規準を作ったとき、部下たちがそれに従わないことが判りました。ある人が彼らに言ったのです。「大丈夫、そんな事はしなくていいよ」あるいは「彼女の言うことは聞かなくていいよ、ここにはどうせそんなに長く居ないのだから。何か気に入らないことがあったら、僕のところに来なさい」。

ジュディ……何が起こっているのかはっきりしていました。ある取締役が秘書たちに彼の為に何もするな、と言っているのを聞いたのです。彼はそのために締め切りに間に合わせることができませんでした。

ルイス……彼らは自分たちが何を破壊してしまったのか、理解していない。

彼らは、間違った臆病心からしたことなのに、正しいことをしていたと思っている。今まで聞かされてきた嘘に基づいてした間違ったことだというのに。

無秩序状態

無秩序状態は、職場いびり（モビング）の副産物かもしれないし、あるいは、職場いびりの戦術の一環として故意に扇動されたものであるかもしれません。加害者たちは、犠牲者が職場を去った後も、従業員たちは自分たちに忠誠でありつづけるだろうと考えているかもしれませんが、しかし、今までいじめに加担してきた従業員たちの関心は、もはや彼らの仕事や組織の目標にはないのです。彼らの関心は、個人的同盟関係に移ってしまっています。

ジョアン……その人はこの職場で私が作り上げたものすべてを破壊した後で、自分自身のシステムをつくることができると思ったようでした。そして、そうなった時には職場の皆が彼を支えてくれるだろう、と彼は考えました。私を追い払うために彼はすべてを破壊し無秩序状態を作り上げました。でも秩序を取り戻すことはできず、規準を作り上げることもできませんでした。彼は何事もなし得なかったのです。

組織は、中心となる人物を失ったとき、頻繁な再編成、内部の意見の衝突、そして、あるいはまた、職場いびり（モビング）の結果としての士気の低下を経験します。組織は、最も重要なことには触れずに、状況を打開しようとしているかのようです。これは、彼らが正に強化したいと思っているその構造をいっそう弱くし、複雑にするのです。

コンサルタントの使用

内部で問題が起こったとき、その状況の査察のため管理層はコンサルタントの導入を試みることがあります。これは余計な出費を増やすだけでなく、経営者側に職場いびり（モビング）を続けるための口実を与えることにもなりかねません。

皮肉なことに、公平で偏見のない査定をするためということで、調査が行なわれている間、被害者は職場から遠ざけられ、同僚と会うことを禁止され、会社の敷地内に入ることさえ許されないことになります。公平な調査をするためには、関わりのあったすべての人々に連絡を取り、徹底的な聞き取りがされるべきです。しかしながらジョアンの場合はそうではありませんでした。

ジョアン……私に対するいろいろな問題や不満が書かれたリストを私が見ることは許されませんでした。調査が不可能になってしまう危険があるとして、私は誰とも話すことを禁止されました。今現在のスタッフであろうと以前のスタッフであろうと。

多くのスタッフは、何が進行しているのか、私がどこにいて、私に何がおこっていたのか、何も知りませんでした。彼らは「公正な」評価をするためといって、外部から人事コンサルタントを連れてきました。他の人たちはコンサルタントがやってくる前にお互いに話すことを許されていましたのに、私は誰とも話すことを許されませんでした。

私は除け者にされていました。それどころか問題になっていることが何なのかを知りませんでした。

二人の加害者たち——彼らは会社の立場の人でした——彼らは、コンサルタントの所に行き、内密に話をしていました。わたしはこのコンサルタントとオープンに話すことができませんでした。なぜなら二人のうちの一人が私たちの話している所にいて、私をじっと見なが

警告信号チェックリスト

1　ひとつの部署の複数の問題に対する非難が、一人だけに集中していないか？
2　その人は今、標準以下の仕事振りや受け入れがたい行動などによって非難されているが、以前は標準以上であったのではないか？
3　人々、特に経営上層部の人たちは、その地位にふさわしい資格や経験を持っているのか？
4　とても重要な仕事を担っている社員達が突然辞めていないか？
5　とても重要な社員の、普通ではない移動があるか？
6　病気で欠勤の社員が増えていないか？
7　会社が説明のつかない士気の低下を経験していないか？
8　会社はいろいろな種類の急激な変化を経験していないか？たとえば構造改革、新しいスタッフや指導者たち、または新しいやり方等。そしてそれを社員に知らせたり関わらせたり、訓練したりするのに十分な時間を取っていたか？

ら話し合いの間中メモを取っていたのです。メモは私に不利なように書かれていたので、聴取に呼ばれたのは私に不満を持った人たちだけでした。一人を除いて。この人は、後に、わたしをいじめていた人から解雇されてしまいました。

評価が必要とされることは、往々にして、噂や暗示、ただ単に少し耳にしただけのことなどに基づくことが多いものです。個人個人は自分たちに対する非難が根拠のないものだということにその評価が終わってしまうまで知らされないでしょう。問題は、決定は、彼らの立場を守るために提供される情報によって作られることです。そして、いったん出された決定は、ふつう変更されないものです。個人個人は、他の人たちによって申し立てられ編曲された証拠によって有罪とみなされます。また、何の支援も、代弁してくれる人も得られず、告発者に会う権利も通常与えられません。その個人は決定に従うか、または馘《くび》になるかなのです。彼らは正当な手続きに基づいて否定されたのです。

カードの家

ルイス……僕がここにいない間に、僕の信用を失墜させようと、何人かのスタッフが中心になって臨時の理事会が開かれたんだ。彼らは僕を電話口に呼びだし、山のような非難を突きつけたんだ。後に僕は証拠書類を示すことで、この非難が誤りであることを証明することができたけれど。理事会の議長はこのことで責任を覚え、軽い心臓麻痺を起こし、後に辞任した。

これが多くの社員に影響を与え、何人かが今職場を去ろうとしている。重要な人たち（何人かは今までいた中でも特に優秀だった）はすでに退転職して今は居ないんだ。彼らは起こったことの証人ということ以外に、非難されることは何もないのに。

次の節では、職場いびり（モビング）が組織そのものに与える影響について述べています。カードで作られた家がちょっとした揺れで壊れるように、職場いびりが広がるとき、組織は似たような崩壊を経験します。たとえ職場いびりが収拾に向かったとしても元に戻すために大変な苦労を要することになります。そして事件の影響は一番下にまで及びます。

仕事の質と量の低下

被害者だけが影響を受けるのではありません。チームワークを壊し、良い仕事を完成させる上で必要な団結力をそこなうのです。その上、重要なスタッフを突然失うことによって、組織の中核は影響を受けます。

ダイアナ……私がやめた後、うまくいっていた多くの事業が半分以下に減らされました。関連企業もまた新しく提供されたサービスの貧弱さに対して不満を言い出したのです。

事件の影響

・仕事の質と量の低下
・コミュニケーションやチームワークの欠如した不愉快な雇用関係
・派閥主義
・社員の移動の増加
・病気欠勤の増加
・評価や信用の失墜
・コンサルタントへの費用
・失業保険請求、労働者補償/身体障害、職業ストレス疾患に対する補償請求
・和解、訴訟

ジョアン……システムや構造が破壊されました。だから成績があがらないのです。

ニール……以前には将来の方針を決めるための重要な部課がありました。彼はそれをすっかり活気のないものにしてしまいました。彼はその部課に予算を与えず、四人の社員が一人ずつ辞めてゆきました。そして遂に彼はその業務を停止してしまいました。うまく機能しないとか効果がないとかいう理由ではなく、それが彼の前任者がしていたことだったからです。

組織の評判の低下

キャサリン……会社の分裂はかなり深刻でした。数人のトップの人たちが辞めました。事実、その影響があまりに深刻だったため、着任一年目の取締役が辞職を要求されました。彼の行動によるダメージが会社に大きな影響を与えつづけたからです。トップの人たちの辞職によって収入が減少し、会社は規模を縮小することを余儀なくさせられ、そして業界内でのリーダー的役割を放棄せざるを得なくなったのです。

社員の移動の増加

職場いびり（モビング）を見ることに耐えられない敏感な社員は改善がなされることを確信できず、他の働き場所を探し始めるでしょう。その上、誰も信用できないと感じることでしょう。移動の増加、新入者のためのトレーニング、熟練経験の損失などによって新たな経費が生じます。

病気による欠勤の増加

正規の病気休暇をとることによって、しばしば職場いびり（モビング）の現場からの逃避が図られます。従業員の度重なるそして長引く休暇は高い経費がかかり、仕事の妨げとなります。そして生産性の低下につながります。不愉快な雰囲気から逃れるために当事者以外にも病気休暇を求める人たちが増え始めるのです。

ダイアナ……恐ろしくて危険な環境が作られていきました。誰が次の被害者になるのか誰も知りませんでした。何人かの従業員はできるだけ人目につかないように努めました。しかし事件の影響は多くの従業員の健康状態にはっきりと現われたのです。ある女性の同僚は髪が抜け、かつらを被らなければなりませんでした。ある人は数回もの事故に会い、その他の人たちにも何らかの健康上の問題がありました。

失業保険の請求

職場いびり（モビング）の被害者たちは、失業保険の請求をすることも可能です。彼らは、自分たちが辞職を強制されたり納得のいかない結末を迎えさせられたりしたことを事実や証拠によって明白に証示することでしょう。このような請求は、雇用者にとって負担の増加となります。

従業員への賠償

精神的肉体的に深く傷つき、その後遺障害のため、二度と職場に復帰することができない人たちもいます。

幾つかの州は、仕事上の精神的ストレスから肉体的、あるいは精神的疾患にかかった労働者からの被害補償請求を受け付けています。これは通常、メンタル－メンタル傷害、すなわち精神的ストレスによる精神的障害、と呼ばれています。

一九九四年にカリフォルニア雇用者補償協会から出された研究報告によると、ストレス関連の補償の請求が非常な勢いで増えているとのことです。カリフォルニア州は、この国で起きていることを反映しています。現時点では、このうちの何人が職場いびり（モビング）によるものであるのかは把握されていません。(原注1)

訴訟と和解

訴訟および和解には多くの経費がかかります。被害者たちは、差別、いやがらせ、険悪な環境、そしてメンタル－メンタル傷害による金銭的な負担等、会社を訴える十分な根拠を持っています。被害者たちへの誹謗中傷《ひぼうちゅうしょう》があった場合には、さらに法的根拠が増えることになります。この事については次の八章で詳しく述べることにします。

ルイス……中傷というものは常にあいまいなものだ。大きな害を及ぼすが、それが単なる噂からきているとき、誰を訴えるのかを特定するのが難しい。そして噂は今なおエスカレートしつづけている。実にばかげている。僕の弁護士は、「あなたは潔白を証明したいでしょうし、自分が使ったお金も取り戻したいでしょう、だけどこの中傷を最後まで解決しようとすれば、この先何年もかかりますよ」といった。

予防策

組織は職場いびり（モビング）の発生を予防するために何ができるでしょうか？

組織の運営に関する次の一二項目は、職場いびり（モビング）を予防するための親身で、思いやりのある環境をつくりだすために考え出されたものです。

組織の中で誰がいじめの中心的な役割を演じているかを知ることが、その行為をすみやかに止めさせ、解決への手順に向かわせるために必要なことです。

それに名前を付ける――新しい認識

セクシャル・ハラスメントに関する法律はアニタ・ヒル（訳者注：アメリカ最高裁判事クラレンス・トーマスの部下だったときに受けた性的な嫌がらせを告発した）以前に存在していました。しかしながら彼女

職場いびり（モビング）の危険性の縮小

やさしさと気遣いのある環境を創り出すための１２の要綱

1　組織の目的と社員の処遇について述べられた規定。将来への展望と評価の公表がすべての社員を団結させる。

2　組織の構造：明確な、一定の報告がなされること。

3　職務の明確化：仕事と責任の範囲を文書で限定すること。

4　人事方針：総合的で、一貫性があり、合法的で、簡潔であること——期待される行動と倫理基準を含む——

5　懲戒問題：一貫性があり、公平で迅速に対処されること。

6　社員は組織の目標、目的を明確に認識し、受け入れること。社員は、ゴールに到達するための自分達の役割について教育を受けていること。

7　新入社員は技術的な資格のみならずその情緒的な知性をも含めて選ばれるべきである。すなわち多様性に対応する能力、自主的に管理されるチーム内で協調して働くこと、そして対立を処理していくことなどである。

8　トレーニングとスタッフの養成：すべての社員の尊重。この方針は組織改変に必要欠くべからざるものである。トレーニングは技術面だけではなく人間関係の諸問題にも及ぶ。

9　コミュニケーション：開放的で、誠実であり、効果があり、そしてタイムリーであること。

10　参加行動、チームワーク、創造性、意思決定、信頼、活性化：組織の構造は、会社の目標を達成する為に社員が最大限に関与できるものであること。

11　紛争の解決、仲裁：会社の機構があらゆる場合の対立関係の解決に機能すること。問題が完全に解決している事を保証する追跡システムがあること。

12　ＥＡＰプログラム：会社に従業員支援制度（ＥＡＰプログラム）があること。それがない場合、それに匹敵する別のプログラム（行動における危険性の程度評価および対応）に関したものが用意されていること。

実例

職場いびり（モビング）をなくす対策

この組織の一社員としてあなたは常に模範的な行動を取ることを要求されている。これは周りの社員の権利と感情を尊重し、あなたの同僚を傷つけるいかなる行動をも差し控えることを意味する。

組織は全社員が職場いびり（モビング）のない環境の中で働く権利を確固として保証する。

職場いびり（モビング）はある一定の期間継続的に、言葉で、あるいは身体的に、また組織的になされる次のような行動である：

1　威嚇、敵意を示すこと、脅迫、同僚に不快感を与える行動。
2　同僚の仕事の邪魔をすること。
3　その他、同僚に不利になるような影響を与えること。

職場いびり（モビング）行為は次のようなものを含むが、これだけではない。

・同僚に向けられる脅迫、威嚇、または敵意のある言動
・一般的な侮辱的な言動

・ワイセツで口汚く威嚇《いかく》的な言葉を使ったり身振りなどをすること
・同僚の信用を傷つけること
・正当な過程・手順を禁止すること
・中傷や誹謗
・同僚の仕事にとって不可欠な情報を邪魔して与えないようにすること
・全体から引き離そうとする行為

このガイドラインは非常に基本的、且つきわめて常識の範囲の事項であり、職場いびり（モビング）に対する判断材料となる。

組織は職場いびり（モビング）を禁じている。組織の職場いびり対策に対するどのような違反であれ、すみやかに上司、事務課長、人事部長、または社長に報告されるべきである。すべての訴えは可能な限り秘密にされ、直ちに内部調査が行なわれる。

組織はこの対策と訴えに対する調査を助成、保護し、その誠実な苦情の訴えに対するいかなる形での報復も禁じている。もし調査の結果、組織が救済措置の必要を認めたときは――その救済措置には一定の基準に適う加害者への懲戒処分、および即刻解雇などが含まれるであろう――組織は自己判断により適切な措置をとることを保証されている。(原注3)

の場合の特異性により職場におけるセクシャル・ハラスメントの新しい認識が生まれたのです。それ以来、セクシャル・ハラスメント対策とその行動に対する規則がすべての職場に実際に規定されています。

同様に、精神的虐待は職場において特別新しい現象ではありません。しかしながら職場いびり（モビング）という名前を与えることにより、そして派生して起こってくるいろいろな問題をあらたに認識することにより、組織は防止のために動き出すことができるのです。

教育と訓練

労働者は職場いびり（モビング）の初期の兆候を察知することに敏感でなければならず、そのための教育を受けている必要があります。会社の行動方針は、社員が報復されるという恐れを持たずに行動を起こせるような明確な手引きであるべきです。

スウェーデンには、これに関する実際経験が数多くあります。ストックホルムにある国立労働安全衛生委員会（NBOSH）は一九八九年以来、レイマン博士の教育資料（ビデオ、オーバーヘッドプロジェクター用資料、入門書、書籍等を含んでいる）を出版、配布してきました。NBOSHによると数多くの会社がその資料を使用しているということです。(原注2)

職場いびり（モビング）をなくす対策の策定

職場いびり（モビング）禁止対策を打ちたてることは、例えばセクシャル・ハラスメント、薬物およびアルコール中毒、その他の問題行動への規範を設定しようとしている組織の行動方針の策定に匹敵するものと思われます。前頁に挙げるのは、会社が考慮するに値する職場いびり（モビング）をなくす対策のひとつの例です。

危険性の評価（リスクアセスメント）

近年、職場での行動がまわりに及ぼす悪影響の危険性評価と対応について人々の注目が高まっています。しかし相談を受けるコンサルタントたちには、職場いびり（モビング）の定義は、今のところまだ、定着していません。そこから引き起こされる症状や結果についても同様に知られていません。（原注4）

紛争の対処の手順

紛争の解決と仲裁に関しては、いじめを受けている側が頼って助けを求めてゆくことのできるような方策が取られるべきです。

会社が内部にそういった機能を持っていない場合には、コンサルタントや地域の仲裁センターがその役割をするといいでしょう。

争いの解決手順の実例は第七章に述べられています。

良い模範を提供している既存のシステム

スウェーデン国立労働安全衛生委員会
精神的安全環境

『職場での被害に関する法令小冊子』（英語版）によると「スウェーデン国立労働安全衛生委員会」は雇用者が予防策として一般に利用できる幾つかの例を提示している。法令は次の様に述べている。相手に非常な不快感を覚えさせる行動は、尊敬の念の甚だしい欠落によるものであり、また、高潔で道徳的な人々全般の主義、信条を侮辱する行為である。この様な行動は短期的にも長期的にも、あるいはまた、個人にとっても職場全体にとっても、マイナスの影響をもたらすものである。

委員会は次のことを例示している（原注5）：

1　従業員に対する、雇用者側の全体的な目標、意図、姿勢を明らかにした職場環境対策
2　精神的、社会的に良好な職場の環境を保障する要綱
3　職場における友好的で、互いを尊重する雰囲気を作るための規範の設定。すなわち、従業員が仕事において否定的な反応を受けることを避けるためのいろいろな手段。雇用者側とその代表者は模範例を示すべきである。

4 管理監督者への個別トレーニングと手引き……異なった職場状況、グループ内での対立の危険と相互影響、ストレスと危機感の中にいる人たちへの迅速な対応など。
5 従業員が職場になじめるようにすること……職場で適用される規則の明瞭な説明を含む。
6 従業員それぞれに、その仕事内容と目的について、できる限り多くの知識を与えること……定期的な情報の提供と職場会議を持つことがこれに役立つ。
7 全従業員に情報と分担を与え、犠牲者にならないための予防策を提供すること。
8 仕事に実質的な内容と意味を保障し、一人一人の素質と知識を役立たせるよう努力すること。
9 従業員に仕事上の知識と能力開発向上の機会を与えること。彼等の目的達成を支援すること。
10 たとえ誰が関与していようと、また、誰が標的になっていようと人を傷つける行為や扱いは断じて受け入れてはならない。
11 雇用者は模範例を制定し、従業員に対して、決して次のようなことをしてはならない……悪意に満ちた力の行使、その他受け入れがたい行為や対応。例えば、故意の侮辱、あら探し、嘲笑、非友好的な態度、あるいは、必要な知識なしに悪意ある意図をもって出される指示などである。
12 双方の対話、コミュニケーション、そして問題を解決するための真の願望、などに対する信頼できる土台を作り上げること。

レヴィ・ストラウス株式会社 ― 実践的接近

レヴィ・ストラウス社は模範とする方針を持っている。この会社はすばらしい職場であるとの評価を得ている。次に挙げるのはその規範である。

チームワークと信頼

指導者の任務は、指導の方向づけ、影響力、社員を成功に導くための関与、問題解決に際して協力が必要であることを認めること、個人の責任、チームワーク、相互信頼などを実際の行動で模範を示すことである。これらのことを行動で実践するだけでなく、他の人たちもそうするように指導しなければならない。

多様性

指導者は、組織のあらゆる階層において存在する、労働力の多様性（年齢、性別、民族、属する集団）、経験の多様性、物事の見方の多様性、を尊重できなければいけない。我々は人びとの持つ多様な経験を役立たせ、その能力を重んじ、そういう人々の地位を引き上げることに努力してきた。多様な角度からの見方は重要である。多様性を持つことには価値があり、正直さは報われるべきで無視されてはならない。

評価

指導者は、成功に貢献した個人やチームに対して正当な評価（金銭的および賞賛の言葉）をおこなうこと。評価は努力したすべての者（新しいものを創り、新しいものを導入し、定常業務に必要なことを継続して支えた人々）に等しく与えられなければならない。

倫理的管理の実践

指導者は、すでに明言されている倫理的行動基準を自身の行動で模範として示さなければならない。指導者は、社が期待している規範を明確に行動で示さなければならず、そして、この倫理的行動基準は全社にわたって実践されなければならない。

コミュニケーション

指導者は、会社、各部門、個人各々の目標、業務の遂行について明確にしていなければならない。社員は全員、自分達が何を求められているかをきちんと把握し、その業務と仕事の目標に対してタイムリーで誠実な対応、助言を得ることができるようにされているべきである。

雇用

製品と消費者（お客さま）に最も近い所にいる社員達の権威と責任を増強させるようにしなければならない。責任を持たせること、信頼すること、そして正しく評価することを強力に推進することによって、社員に能力を発揮させ役立たせることができる。（原注6）

レヴィ・ストラス株式会社には業務規定書と目標達成規定書があり、そこには会社が尊敬の念を持って社員を処遇することを明らかにしている。

次にその抜粋を引用する。

レヴィ・ストラス社の業務規定書

我々は業務を倫理的に遂行し、この共同体と地域社会に対して、十分な責任をもってリーダーシップを発揮しようとしている。我々の職場環境は安全性と生産性が高く、全社員に対して、公平な扱い、チームワーク、オープンな情報交換、個人の責務、そして、成長、発展する機会が与えられている。

レヴィ・ストラス社の目標達成規定書（抜粋）

我々は、全社員がこの会社を誇りとし、仕事に熱心に取り組んでくれることを心から願っている。ここでは支配関係や背後の事情によってではなく、真の価値に基づいて全社員が仕事に貢献し、学び、成長し、将来に向かって前進する機会が与えられる。我々は、全社員が、自分が尊重され公平に扱われ、そして自分の意見に耳が傾けられ、参加している実感をもってもらいたい。何よりも我々は、個人の生活と仕事とのバランスのとれた満足感と仕事仲間との友情における満足を得たいのであり、そのための努力の中に喜びを見つけたいのである。

私たちはレヴィ・ストラウス社の人事担当者ロビン・ウインバーン氏にインタビューし、この会社が明確に職場いびり（モビング）とみなされる行動に対してどのように対処するのかをたずねました。

質問者（ノア・ダベンポート）……あなたは、嫉妬、職責の剥奪、噂を流布することを嫌がらせの手段とみなしますか？

ロビン・ウインバーン……それは従業員の成し遂げた仕事に対して上役が嫉妬し、自分の地位上の権限でその従業員の名誉、評価を引き下げるという意味ですか？

ノア・ダベンポート……そうです。

ロビン・ウインバーン……その場合には、私たちは、ある方法をもっています。「いびり・嫌がらせをなくす対策」ではなく、私たちが「目標達成規定」と呼ぶ「行動指針」を基にしています。それは責任者が当然取るべき行動について定めています。あなたがおっしゃっている人物はおそらくこの行動指針にかなり違反していることでしょう。私たちはこの行動指針がはっきりと効果をあらわすことを期待しています。そうでなければ、今度は、私たちが教育を受けることになるでしょう。

ノア・ダベンポート……どのようなことをするのですか？

ロビン・ウインバーン……教育までいかない幾つかのものがあります。わが社は年度の中間と終わりに職務の見直しを行ないます。もし途中で問題が発生したらそれは個々に対処されます。

教育のやり方は対策ではなく実行です。私たちはそれを業務改善カウンセリングとよんでおり、幾つかの段階があります。そのやり方は公平であり、一貫したものでなければなりません。

社員は尊厳、尊敬、そして思いやりをもって扱われることになっています。会社と社員の利害はバランスの取れたものでなければなりません。社員は、直接的で誠実な、そしてタイムリーな対応を受けます。私はわが社が完全であると言っているわけではありません。これは文書で示されている手引書です。

ノア・ダベンポート……あなた方の業務規定書には感心いたしました。それにはこう書かれています——わが社の社員の生活はわが社の製品の品質と同じように大切である——あなたはこの規定が有効で生きた方針であると信じますか？

ロビン・ウインバーン……はい、そう信じています。その文章は、まさに、私たちが最も苦労した点なのです。私たちはそれを「仕事と生活のバランス」または「仕事と家庭のバランス」と呼んでいます。わが社はそれを会社の行動指針に喜んで取り入れています。……部長はそれぞれ自分の言い方で表現していますが、その妥当性は認められています。

加えて、私たちは紛争解決対策を持っています。紛争解決にはわが社の目標に対する強い願望が反映されるはずです。目標への強い願望が健康的で生産性の高い職場環境を維持することに役立っていると信じています。ある意味、それはわが社の目標の反復でもあります。

社員は物事を隠すことなく、その時々の情況に合った適切な行動をとることを奨励されています。それが何を意味しているかといえば、ある種のトラブル、例えばセクシャル・ハラスメントなどが時々起きており、それに対して直接的な解決は効果的ではないということなのです。そういう場合、私たちは社員にどこか他のところ、例えば人事部などに行く様に薦めます。私たちはまた、従業員支援プログラムを持っています。すなわち私たちは、社員が問題を抱えていても、場合によってはそれを明らかにできないという事実があることも知っているのです。(原注8)

一九九九年の初め、レヴィ・ストラウス社は北アメリカ工場の半分を閉鎖し、五九〇〇人の従業員の解雇を通知しなければなりませんでした。多くの仕事が海外に流出しようとしていました。先に私たちが述べたように、モデル会社であっても避けることができない業務決定というものがしばしば存在します。しかし、社員の待遇を良くしようという伝統が存在したことも事実であり、レヴィ・ストラウス社の解雇手当には次のようなものが含まれていました。——退職後にも引き続き使える健康給付金、退職金、退職した社員が再訓練を受けるために使ったり、彼ら自身が新しい小規模な商売を始めるために使ったりできる特別基金。

そして、レヴィ・ストラウス社は世界中の下請け業者ネットワークに向けた「行動指針」をも制定していることを付け加えておきます。（原注9）

仲裁——懲罰および重大な不正行為に対する解雇

私たちは職場いびり（モビング）は重大な不正行為にあたると信じています。この行為は、詐欺、窃盗、甚だしい怠慢、身体的暴力、セクシャル・ハラスメント等に匹敵し、したがって相応の懲罰が行使されるべきです。

サタン社の名前はしばしば良い例のひとつとして引き合いに出されます。問題の行為をした社員に対して、会社はかなり総合的な相談体制を持っているからです。その体制はカウンセリング、指導、事態の再検討を含んでいます。

以下がその目的です。

・罰するのではなく力を貸す。

サタン社――全社員を尊重する

サタン社の行動指針は、理想とする目標を、実例をもってはっきり示しており、他の組織にも参考になるのではないかと思われる。以下はその方針声明である。

我々は全社員が、自分達に関連のあるあらゆる決定に関わりを持ち、自分の仕事および互いの仕事を大切にすること、自分自身に誇りを持ち、その貢献に誇りを持つこと、そして努力して成功する喜びを分かち合うことを願っていると信ずる。

相互に信頼し尊敬しあう環境を創りだすことによって、1人1人の専門技術を認め合いそれを革新的な方法で活用することによって、1人1人に技術と教育を提供することによって、我々は良好な相互関係と共通の目標の達成に有効な統合された業務システムに属しているという安心感を得ることができる。この様な共通の目標の達成は従業員の安全と我々企業の成功と地域社会への貢献を保証するものである。[原注10]

サタン社の評価基準――すべての行動はこの基準によって計られる：

・消費者の熱意にこたえる仕事への取り組み
・向上への熱意
・相互の信頼と尊敬
・チームワーク
・改善、工夫の継続

この共通の認識に基づいた評価基準はサタン社全員の基本とならなければならない。我々の行動はサタン社の評価基準を満たし、それに反する行ないを止めさせるものでなければならない。サタン社の全員は、常に、「言った事を実行する」のである。[原注11]

・メンバーにどんな点を修正すべきかを教える。
・社員の行動の改善に努める

もし何の向上も見られないときには……

何人かの社員の行動が他の従業員の良好な環境を侵し、利益に反する時、サタン社は懲罰の行使、または解雇の手続きを取らざるを得ない。そういった行動はサタン社の会社価値の中核を侵すものであり、重大な不行跡を引き起こすものと見なされる。

リハビリテーション

被害が起きてしまったら、管理者には何ができるでしょうか？　これ以上、人に汚名を着せることは絶対に避けられるべきであり、被害者に以前の評価と信頼性を取り戻させるべきです。管理者は次の事柄を提案することができます。

・謝罪
・復帰に向けた治療
・会社内での他の部門への配置転換（必要があればトレーニングを行なう）
・励ましと支援

・他社での仕事を探す手伝い

一九八七年、あるスウェーデン人の経済評論家は従業員に専門的な職業復帰対策を施し（たとえそれが非常に高くつくものであっても）、職場の環境を立て直す方が、増え続ける病気欠勤、後遺障害補償請求、和解などに対するよりも安い経費で済むことを実証しました。（原注12）

結論として――基本的な事項

職場いびり（モビング）は組織に高い経費の負担を負わせることになるでしょう。疑心暗鬼、士気の欠乏、そして不健全な会社内の雰囲気などへの代償が組織の生産能力、販売能力、サービス能力に重大な影響を与えるのです。経験によって得た知識や技能の損失を埋めるための度重なる配置転換、新規採用募集、新しいトレーニング等があらたな経費の必要を招きます。そして最後に、とはいっても決していい加減にはできない弁護士費用、裁判、そして解決のための準備など、とてつもなく大きな費用が待ち受けています。しかしながらより重大なことは、健康で人間性にあふれた職場が最も大切であるという価値観が失われてゆくことです。

組織によっては、当面の仕事で忙しく、職場いびりにきちんとした対応はできないと思うかもしれないし、あるいは、職場いびりは単発的な出来事だとみるかもしれません。多くの会社にとって職場いびりは、成功している状態を保つために必要な会社の力を弱め、その成長を妨げる慢性的な問題を残すものです。場合によってはそれが組織にとって致命的であることが証明されます。

・〜・第六章 原注・〜・

1 従業員支援プログラム（ＥＡＰ）要約、一九九四年一月／二月

2 レイマン、一九九三ａ

3 私たちはこの本文を一九九八年、ベネットらによるセクシャル・ハラスメント対策の実例を基にして、職場いびり（モビング）禁止対策のために文章に表わしたものである。二〇〇一年二月二二日。

4 大会社のひとつであるイーストコースト・コーポレーションの取締役は、「会社従業員支援プログラム」の代表に会社の雰囲気の査察をするよう連絡してきた。この会社は士気の低下を経験しており、二例の管理者の自殺を経験したのである。この取締役は、本質的には、行動がおよぼす危険性に対する査定を求めてきたのである。アトキンズ、ガリ共著から引用された発症例、「行動がもたらす危険に対する管理」「ＥＡＰの成長と発展の為の新しい機会」「ＥＡＰＡ交換」一九九七年五月／六月、二七巻第三号一五頁。

5 ＡＦＳ、一九九三年：一七頁、スウェーデン職業の安全と健康国民委員会、Ｓ—一七一　八四頁　Solna、スウェーデン、Tel：＋46-8-730-98000、Fax：＋46-8-730-1967　（原著者注：英訳は部分的に変更されている）。

6 人事ジャーナル、一九九二年、三八頁

7 人事ジャーナル、一九九二年、四三頁

・〜・第六章・〜・

8　人事部企画課　ロビン・ウィンバーン氏へのインタビュー　一九九七年一二月二四日
9　Des Moines Register　一九九二年三月二日
10　この方針はサタン社とU・A・W・の間で一九九七年に合意された覚書の中に述べられている。
11　サタン社行動指針より
12　レイマン博士　一九九六年：一七四頁

第七章

もめごと解消への挑戦

もめごとの解消は職場いびり（モビング）を防ぐ基本です。本章では、職場いびり（モビング）の背景にあるもめごとの性質と型について調査し、どのようにすれば適切に問題が解決されるかを明らかにしたいと思います。

なぜ、私たちがこの章を「もめごと解消への挑戦」と名づけたのかというと、すべてのもめごとは、当事者が本当にその問題を解決したいと思えば対処可能で、うまくいけば解決できるものです。しかし、職場いびり（モビング）の場合、その紛争を真剣に理解し、解消しようという試みはなされていません。「考えるな。感じるな。信じるな。疑問に思うな」という暗黙のルールがある会社や、ホイル博士が述べているような、適切な紛争処理機構のない会社では、もめごとを解消しようとすることは無駄な試みです。(原注1)

理想的な職場環境では、分別のある従業員や良い指導者が、もめごとを学ぶ機会ととらえます。このような組織は、もめごと解消に役立つ適切な方針や方法を備えています。そのための運営規則も存在します。このような職場では、人々はもめごと解消について話し合うことを奨励されます。それは関係者全員、つまり、従業員だけではなく会社のためでもあるからです。

これが、私たちが挑戦——あるいは、板ばさみと呼んでいるものです。もめごと解消は簡単な過程ですが、職場いびり（モビング）が起きた時、めったになされていません。さらに、そのもめごとの原因が何かということも、全く問題にされません。作業手順の相違、認識不足、無作法、嫌がらせ、性格の不一致、価値観の相違。適切な紛争処理機構がなく、紛争を扱うことを避けようとする気風の組織では、もめごと解消がありえないことは確かです。しかし、もし、組織がもめごと解消手段を持ち、純粋にその解決に興味を持てば、職場いびり（モビング）は、第二、第三の段階に至る前に避けられ、止めさせることができるでしょう。

もめごとはいじめの始まり

キャサリンは、彼女の専門分野でリーダーと認められ、二〇年間の管理職経験もありました。ここ数年は、発展しつつある非営利組織で責任ある地位につき、仕事は順調でした。その組織の気風は、仲間と自発性を重んじるものでした。実際、すべての職員は暖かい人間関係で結ばれていました。

新しい理事が着任してから、たくさんの解決不可能なもめごとが生じてきました。彼女の証言は、解決されないもめごとが、職場いびり（モビング）の第一の信号といかに結びついているかという一例です。それらは、第一段階のいじめと、そこからの早期の逃避をも表わしています。

キャサリン……作業手順上の問題、仕事上の課題、私の仕事に関する重要な会議からの締め出し、私のプロジェクトに未経験なスタッフを割り当てる。そういったことが、私にとっての紛争の種でした。追い詰められ、支配され、おとしめられ、信頼されていないと感じました。それらは、私がよく仕事ができることへの攻撃なのだと思いました。これは、権力をもつ者の遊びだったのでしょうか。

私はますます混乱し、意気消沈し、悩みました。そして、本当に絶望しました。これらのことを新理事との会話の中で話題にしようとしました。しかし彼女はそれを避け、変化に対応できない、従順でないといって私を責めました。

事実から遠ざかることは不可能です。私はその時、言葉をなくしました。涙を押し殺さなければなりませんでした。問題解決が不可能に見えたため、惨めな思いでした。「どうにかして答えを見つけ出さねば。解決できるはずだ」と考えました。しばらくして、それが不可能だとわかりました。

彼女の着任から三カ月後、私が辞表を渡し、理由を説明した時の彼女の反応を今でも覚えています。彼女はあまり驚いたようでもなく、むしろほっとしたようでした。たぶん、もっと長引くと思っていたのでしょう。だから、私がこんなにも早く辞めたことに驚いたのです。

キャサリンには、そして、私たちが調査したケースのすべての人々には、彼らを悩ますもの、または彼らが知っている最上の方法で仕事をすることを妨害するものが存在します。彼らはそれをもめごととみています。「どうしたら、この状況を解決できるのか。自分は何ができるのか。何が良い解決法なのか」と、彼らは考えます。建設的な方法でこの状況を解決しようという善意を持って考え行動するのですが、しかし、彼らはもともと悪意を持った人々を相手にしているのです。

そのもめごとは、いじめる側の人々の目的に役立っています。彼らの行動は彼らの意志です。彼らの論理は次のような考えに支配されています――「どうやって私は（我々は）こいつを追い出そうか」これは、いろいろな形の攻撃で明らかになります――侮辱、除外、孤立。これらの行動は次のことを表わしています。「私は（我々は）、お前に出て行って欲しいのだ」。そして、標的となった人はそのことを知りません。初め彼らは、いじめる側のもくろみを見通せません。早くから現実を理解し、受け入れることができないでいます。このことが彼らを狼狽させます。絶望してこう思うのです――「私は狂っているのだろうか。私の何が悪いのか」。自信喪失感が深まり、混乱、緊張、怒り、そして絶望が訪れます。遅かれ早かれ、いじめられる側は問題を解決しようという彼らの試みが無意味だと感じます。もめごとは未解決となります。

職場いびり（モビング）においては未解決のもめごとは深刻化し、形を変えます。さらに激しくなり、まるで手におえないようになってきます。一つの問題が当事者同士の非難や行動、反応を通じて、さらに複雑な問題になります。その過程において、最初の紛争の種が忘れられてしまうことがよくあります。

職場いびり（モビング）のサイクルが動き出すのです。未解決のもめごとによって、作業の低下、精神的苦痛、病気による一時的または長期の欠勤ということが起こります。こういう行動が管理職や上役にとっては批判の材料となり、職場いびりを引き起こします。

傷ついた人が助けを見い出そうとすればするほど、問題を解決できない理由がますます増えてしまいます。やがて彼らは、いびられる側が悪いのだと説明する理由を見つけてきます。お互いに非難することにより、状況はさらに悪化します。人々が、中心となる問題を解決しようとしない時、紛争の悪化は避けられない事態となります。そしてこれが、職場いびりにはよくあることなのです。仲間はずれは、いまや時間の問題です。

この過程を理解すれば、いじめを受けている人々は、意識的に行動を選択することができます。被害者はできるだけ早く、それらの選択を理解することが大切です。そうすれば、彼ら自身が壊れる前に職場いびり（モビング）の悪循環を壊すことができるかもしれないのです。そして、自分たちが破壊的なゲームに引き込まれる必要がないことがわかることでしょう。もし、問題がどうであれ、

もめごとと職場いびり（モビング）の段階

もめごと

↓

未解決のもめごと
職場いびり（モビング）が表面化する最初の兆候
←
個人はとまどい、悩み、困惑する
身体的健康にも影響がでる
職場いびり（モビング）が始まる
←
不十分な仕事内容
職場いびり（モビング）が強まる
←
紛争の拡大、精神的、身体的健康への更なる影響
激しい職場いびり（モビング）
←
紛争の継続、病気が仕事の生産性を落とす
激しい職場いびり（モビング）の継続
←
辞職／終了

解決できないことがわかったとしても、たぶん、絶望することはないでしょう。

価値観および個性の衝突

組織の目的と価値観が変化した時、ひたむきに仕事に打ち込む人々は、その組織と一体感が持てなくなります。彼らは価値観や信念について、簡単に妥協できないからです。彼らが正しいと信じることに従って行動しようとするほど、職場いびり（モビング）はひどくなります。そして、周りの人々は、彼らを変化に対応できない人物だというようにみなすでしょう。順応性がないとよく言われますが、これは正しくもあり、間違っているともいえます。変化は問題ではないのです。価値観の違いが問題なのです。

キャサリン……組織の理想や使命はもはや重要ではないように感じられました。新しい理事は、何を目指しているのかという質問にも決して答えませんでした。私は、組織の仕事が自分の信念と一致していたので、この仕事を選んだのでしたが、もはや、やっていけないと思いました。

ジョン（精神遅滞者のための州立協会に献身的に勤務していた歯科医師）……僕は、最初の六ケ月で六〇〇人の患者を診察しました。その後六ヶ月ごとに、すべての人を診察し、それぞれにあった処置をしました。三年めの終わりには、歯科管理の計画を作り上げました。患者たちがこのように徹底した歯の手入れを受けるのは、この協会が設立されて以来、初めてのことでした。

後に、これらすべてが無意味になりました。患者たちは、実際のところ何の決定もできません。しかし、協会の新しい見解は、患者たちは彼らの生活全般に自己責任があるというものでした。患者の扱い方に関して、州の法律の解釈に大きな相違がありました。しかも、これは協会が、支出の増加を恐れてのことでした。新しい見解により、歯科についてはあまり注意が払われなくなりました。精神遅滞者は歯磨きをしません。何日も磨かずに過ごします。管理が必要です。ある患者が金曜日に治療が必要であっても、協会の人々はそのままに放置します。そして土曜日、状態がさらに悪化した時になってからが、僕の仕事となるのです。

キャサリンとジョンの独白は、組織の使命が変化する様子をよく説明しています。組織に協力的で、高いプロ意識を持つ人々には、組織の劇的な変化が裏切りと映ります。もともとの目的や使命感を持って、組織に協力しようとする彼らの試みは、組織を脅かす行為とみなされます。価値観の衝突はそのきっかけです。

個性の衝突は、個々人が権力を手に入れ、自我を通そうとした時に起こります。組織がこれらの個人的欲求に屈服した時、その組織と人々は危険にさらされます。そういう状況に異を唱える従業員が、職場いびりによって排除されるのでしょう。

もめごとを理解する

職場いびり（モビング）においてもめごとは解消されないということは、前にも述べました。しかし、職場いびりのサイクルを断つためには、もめごとの性格を知り、建設的解消のために、どんな条件が必要かを理解することが大切です。

もめごとはすべての人間関係に存在します。それは否定できないものです。私たちはそれを知り、理解しようとするだけです。それによって、対処方法を知ることができるのです。

すべての個人は、彼ら独自の見方で、それぞれの状況を把握します。ですから、人それぞれのお互いに作用する力には、潜在的に、もめごとが存在するといえます。

人々はもめごとが生じると戸惑い、混乱します。なぜなら、他人との違いにどう対処したらよいかを訓練されていないからです。集団で、家族で、職場で、地域で、人々は人との相違を最小限にしようと努力して、最終の目的、法的枠組み、共通の信念といった、お互いに共有し合えるものに目を向けようとするのです。

オープンで誠実な意思の疎通があれば、もめごとを管理し、解消することは可能です。もめごとを如何に解消するかという文献はたくさん存在します。多くの会社やコンサルタントは、この分野でのトレーニングを提供してくれます。アメリカ全土で、また、多くの国々で一二年生（高校三年生）の生徒たちに、紛争抑止技術を教えています。それは、いじめにどう対処するか、いじめを認めないようにするにはどうしたらよいかということを含んでいます。アメリカでは、どの州でどんなことが起きているかということが、紛争抑止教育ネットワーク（CREnet）によって入手できます。(原注2)

私たちが先に述べたように、もめごとの原因は、それは仕事の手順、性格の不一致、管理上の問題、価値観の相違、そして職場の変化などですが、問題ではありません。問題になるのは、人間にとって心理的に必要とされるもの、つまり、承認、賞賛、参加、尊敬、自律など、が大切にされないことなのです。

キャサリンの場合、新しい理事が就任したことは問題ではありません。以前からあった仕事の手順が大きく変わったこともたいしたことで

職場いびり（モビング）では、今、起きている摩擦について実際に対処することはない。なぜなら、いじめられている人々を排除することが目的だから。このために、話し合って解決することなどありえない。

はないのです。彼女をひどく悩ませたのは、彼女の責任が奪われ、決定の場から除外されたことなのです。彼女は、有能で、自発的で、価値ある人物としてチームに参加していたかった。人から管理される無能な人としてではなく。

摩擦を処理する方法――選択はあなたにある

もめごとの相手にアプローチする前に、自分自身の感情や動機について分析し、理解することが必要です。これは、他人の感情や動機を理解しようとすることと同じことです。「なぜ、私はこんな風に感じるのか。私が本当に欲しいものは何か。私はなぜ、このことで取り乱したのか。なぜ、いじめる側の人々は、そんなことをするのか」こんな質問をしてみましょう。すると、自分の感情に振り回されず、一歩下がって状況を観察できることでしょう。

これが、混乱から人を救い出し、明るい方向に導くプロセスです。また、力も与えてくれます。職場いびり（モビング）にあっている人々は、その状況をより詳しく分析するために、他の人からの助けを必要とします。彼らは他人からの攻撃であまりにも傷つき、とまどい、このプロセスを自分の力だけでは通り抜けられないのです。

もめごとに対処する五つの方法があります。それを避けるか共に生活する。屈服する。自分のやり方を貫く。妥協する。そして、誰もが満足するようにうまくやっていく。個々人がどの方法をえらぶかは、それぞれの状況によって異なります。彼らの生活と経験、もめごとの処理をどう学んだか、特別な事情、摩擦の種類、何がその人にとって重要か、他の人とどのように関わるのか、または、他の人の反応をどう予測するか、といったようなことです。

一般的に、男性と女性では解決の仕方が異なっています。女性は、誰かと協力して問題を話し合い、行動することが多いですが、男性は、もめごとそのものが競争となります。ジョン・グレイ博士とデボラ・タンネン博士の研究からも分かるように、男性は地位を失うことを恐れ、女性は他者との関係を失うことを恐れます。こういった恐れからもめごとを放置することもよくあることです。(原注3)

どんな場合でも、全員の体面が保たれる形で解決するためには、関係者一人一人が、心の底から解決したいと願うことが大事です。職場いびりの中では、人は自分の地位が持つ力を利用します。または、従業員の希望や可能性、見方、必要性などに関係なく、自分の思いどおりにことをすすめようとします。そんな時、傷ついた側が紛争の解消は不可能かもしれないと思うのは無理もありません。

キャサリン……その時私は、仕事についての意見の相違が原因ではないということが分かりませんでした。それらは実は、権力遊びであり、私を追い出すための企《たくら》みだったのですが。結局、建設的会話をしようという私の試みは絶望に変わりました。どうしてそうならないのか、その当時には、私にはわかりませんでした。私が見つけた唯一の解決策は、出て行くことでした。それもできるだけ早く。

もしキャサリンが、上司の言うことに何でも従っていたら、能力以下の仕事に甘んじ、彼女の能力や強さを示そうとすることもなく、屈服さえしていれば、表面上うまくあわせたら、それは解決になっていたでしょうか？　おそらく、その場合、彼女は自分の理想と妥協する代償を払わなければならなかったでしょう。他の人、たとえば、ニール（訳者注：第四章、上司にいじめられるが三年間メモを取り、耐え、最後には勝ち残った人）のような人は、長い間、自分を抑え、守りとおすことができるのでしょうが……。

職場いびりの対象となった人々は、感情面で傷つけられたという職場環境での痛ましい経験から救われることはありません。しかし、絶望や病気へとつながる自信喪失や復讐心からは救われることはできます。

この認識があれば、他の職場

私が見つけた唯一の解決策は出て行くことだった。

を探そうという強さを持つことができるでしょう。それは、不健全な職場環境を去り、彼らを正しく評価してくれる、希望の持てる職場で働くことを意味しています。

被害者が、職場でのいじめの状況をこのように眺めると、内からの力が湧いてくるでしょう。転職に備えて距離をとって眺めれば、二、三週間もしくは二、三ヶ月間我慢できる強さと気力を奮い起こせることができます。内面からの力を得て、別の機会を見つけるのだという確信を持って行動できるようになります。今の仕事についたままで別の仕事を見つけるほうが簡単です。彼らは、家族や友人、そしてセラピストの助けが必要かもしれません。彼らは、自分が不健康な環境で働いていたこと、そうして、それは彼ら自身のせいではないこと、また、生き残ることを考えるのならば健康的な職場を探すことが必要だということを理解することでしょう。

いずれにしても、あなた自身が職場いびり（モビング）に会った時、どんな選択があるのでしょう。建設的な方法はなく、誰も耳を貸そうとしない時に、あなたにできることは何でしょう。以前、私たちはいくつかの選択をあげました。

1　そのまま居つづける。起こりうる出来事……病気、長期病欠、更なる摩擦。結果として退職、ひどい絶望、自殺もありうる。

2　感情的、内面的放棄……感情的または内面的放棄とは、一時的に態度を変えることであり、仕事に打ち込まないようにすることである。感情的エネルギーや行動を、仕事以外の趣味、家族、または、将来の見通しや喜びの持てる、他の仕事に向けることである。

3　逃避。退職による別離……職を辞め、異なった健康的環境に逃げる。
4　法的行動を起こす……経済的補償や、正義を得るためである。

行動する過程で、あなたは一つ以上の選択をすることができます。キャサリンは早々に逃避しました。ダイアナは職場を去って法的行動を執り、和解に持ち込みました。ジョアンの会社は、彼女が法的行動を起こすのを避けるため、和解を申し出ました。ジュディは退職し、他の職場を見つけました。ニールとロバートは、第四章で見たように、残ることにしました。彼らは精神的に強くなり、生き残るためのいくつかの方法をあみ出したからです。

キャサリンの話のその後——彼女の上司は、一年後、退職することを求められました。委員会の決定理由は、まだ、公表されていません。

組織にとっての解決法

潜在的な職場いびり（モビング）が悪化するか、または、そのサイクルのある時点でとめられるかは、組織の文化水準によります。もめごとが生じた時、取り組み方はいろいろあります。どんな組織も会社も、規模や業務内容に関係なく、その組織の気風に合った機構や方針を持つことができます。紛争管理についての次の構造的戦略は、早期にいじめを止めさせ、傷ついた人々を救うことができます。

1　開かれた方針を作る。
2　会社の方策を作る。サタン社で採用された紛争解決手順は良い例である（次頁の枠囲みを参照のこと）。
3　選ばれた従業員、できれば、全従業員を紛争抑止および、もしくは、調停について学ばせる。
4　組織内に調停部門を設立する。（原注4）
5　外部の調停者、または苦情処理係と雇用契約を結び、信頼関係を維持する。
6　地域社会の中の調停センターと契約する。
7　会社が弁護士や医療スタッフを雇うように、職業的調停者と契約する。

一般に従業員は、自分が信頼されていると感じられ、正直に、創造性が評価されるようなチームの中で自主的に働くことができた時、最も価値があり生産的だと感じるものです。

サタン社における紛争解消手順（原注5）

サタン社の哲学と使命、そして関係者全員の役割および責任により、組織の最も適切なレベルにおいて決定を下し、問題を解決することに重きをおく。

ＳＴＥＰ　１

もし、班単位の中で問題が生じたら、その班の者たちは問題解決の努力をすること。その際、班単位カウンセラーと職種別アドバイザー（ＯＭＡ）の適切な支援または協力を得ること。その問題が解決されない時には、次の段階に進むこと。

ＳＴＥＰ　２

職種別アドバイザー（ＯＭＡ）は、ＯＭＡメンバーと班調整責任者または専門的職業相談員に問題を知らせ話し合うこと。班調整責任者と専門的職業相談員は、その問題の解決策を探すこと。その際、その業務部門の人事相談係に適切に通知し、議論すること。

解決しなかった場合には、その問題は「社員の紛争について」という表題の文書にし、当該の社員が署名する。そして、班調整責任者か専門的職業相談員から、業務部門の人事相談係に提出する。その後、七労働日以内に班調整責任者か専門的職業相談員と業務部門人事係とで会議を持つこと。業務部門人事係は事実を明記し、解決法を探る。

ＳＴＥＰ　３

事実確認後、一四労働日以内に解決しなければ、すべてのアドバイザーが出席する会議で再審議される。問題解決のため、意見一致の手法が使われる。その議事録は七労働日以内に提出されること。もし、未解決なら、七労働日以内にサタン社が定める用紙を用いて、その紛争（もめごと）について述べたいという訴えを、人事担当副社長に出さなければならない。その訴えから一四労働日以内に、もめごとの双方の当事者はその陳述書を交換する。

どのような紛争（もめごと）も、三〇日以内にその地区にいる取締役によって訴えが出されなければ、最終回答に基づいて解決がなされたものとみなされる。その後、その問題は、サタン社の人事担当副社長と国際労働組合が出席する委員会において再検討される。この委員会でサタン社と組合の意見が合意に達しなければ、一四労働日以内にサタン社と労働組合は最終声明を交換する。

STEP 4

ＳＴＥＰ３で解決しなければ、その問題は公正な裁定者に報告される。地区取締役か総合管理部は、最終声明交換後二一労働日以内に、裁定者に訴えを提出する。さもなければ、その問題は最終回答書により解決したとみなされる。訴えがあった場合は、裁定者の最終締結に委ねられる。紛争の当事者両者は、裁定に払う料金を五〇％ずつ負担する。

注：各段階における期限は、双方の同意により延長することができる。

・〜・第七章 原注・〜・

1 ホール 一九九一年：五五頁

2 CREnet,1527 New Hampshire Avenue ,NW, Washington DC20036,
Tel 202-667-9700〈www.crenet.org/〉

3 ジョン・グレイ著『男性は火星から、女性は金星からやって来た』、デボラ・タンネン著『あなたは全く解っていない』。

4 大学構内に、教職員や学生のために調停部門を持つ大学がいくつかある。

5 サターン社社員の紛争解消手順、案内書三六〜三七頁。会社固有の略語を削減するなどして、若干変更を加えた。変更を許可してくださったサターン社に感謝します。

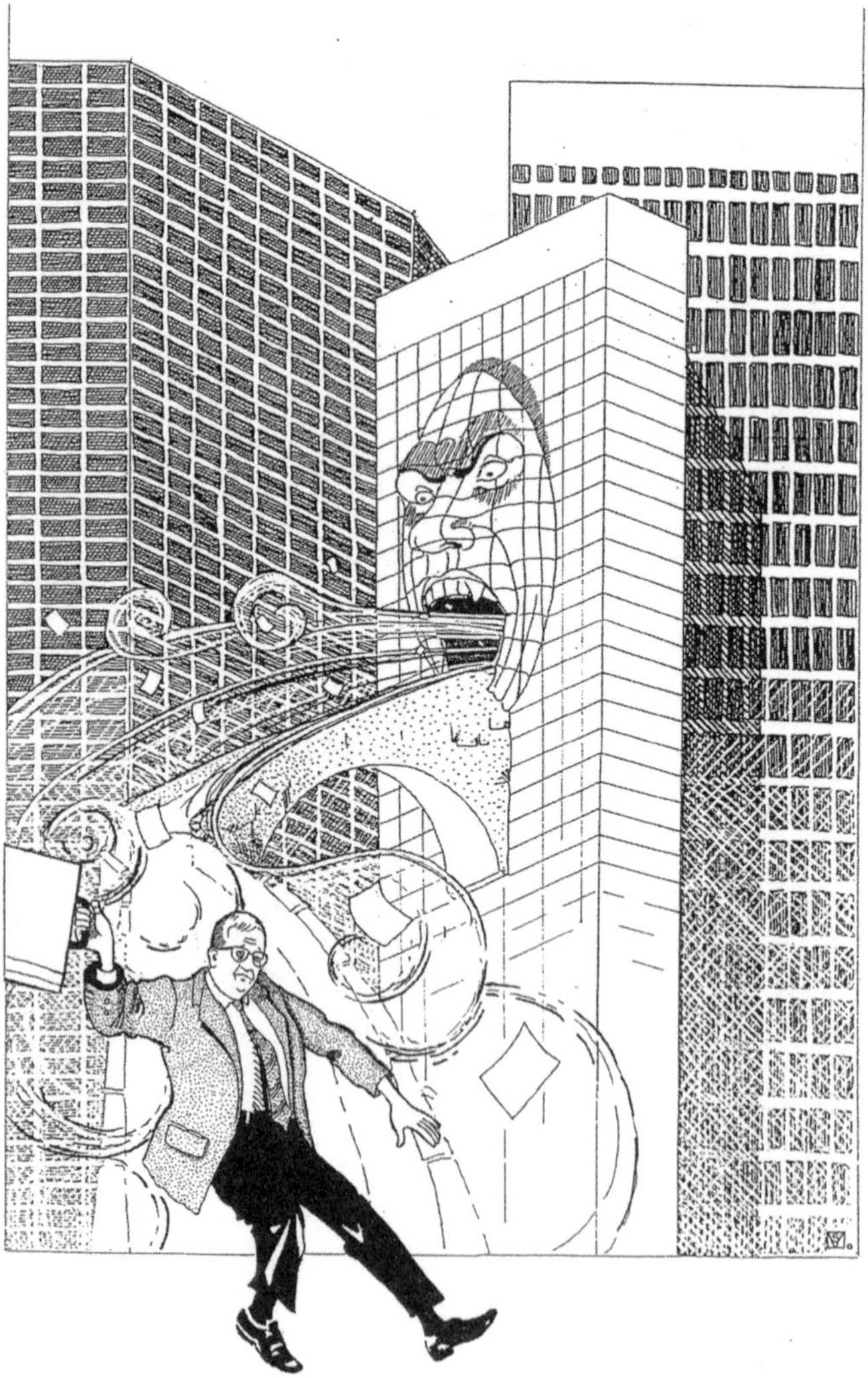

第八章

職場いびり（モビング）と法律

化学物質にさらされる職場で被害を受けた場合、被害者は、その被害を与えた会社に補償を要求する。被害が悪質な人間行為によっておこった場合、同様の問題が発生する。

―ハーヴェイ・ホーンスタイン
『残酷な上司とその犠牲者』

・〜・〜・〜・〜・

本章では、職場いびりの被害者に対して、彼らが有する権利について、現在の法律の範囲で述べてみます。私たちは雇用者にこれらの権利を喚起し、彼らの職場内で行なわれている集団いじめを禁止すること、さもないと訴訟が起こされる危険性と資金の浪費がおこることを警告し、説得してきました。職場いびり禁止法――精神的虐待から被害者を保護する法律――を制定するように立法にも訴えてきました。

現在の権利と状況

ここで強調したいのは、職場いびりは一つの新しい訴訟原因であり、職場いびり禁止法を制定することが最も重要なことであるということです。このことはすでに以前から、数々のヨーロッパ諸国が認識していたことです。職場いびり自体は、アメリカ合衆国の五〇州のいずれにおいても法令化されていませんが、職場いびり被害の訴訟で被害者が勝訴した判例は――特に公民権法において――いくつかあります。以下に、あなたの場合に関係がありそうな権利と法的状況について述べてみます。

公民権法の制定

大多数のアメリカ人労働者は、被雇用者として自国の公民権法によって、ある程度の保護を受けていると思っています。しかしながら、ほとんどの人がこれらの法の詳細についてははっきりとは認識していません。一九六四年制定の公民権法第七条に、はじめて、雇用者の差別的な雇用慣習が違法とされました――つまり、人種、膚の色、宗教、性別、民族、出身国などにより解雇をしたり、あるいは給料、雇用期間、雇用条件に制限をもうける等のことが差別であり、違法行為となるとの法律が制定されたのです(原注1)。

その後、連邦法や州法――一九六七年雇用における年齢の差別禁止法、一九七三年職業復帰法、一九九〇年アメリカ合衆国障害者法――が制定され、それぞれ、高齢者、妊娠者、障害者の権利を保障しています。現在、同性愛に関する連邦法はありませんが、幾つかの州では雇用差別禁止法を適用することが規定されています。一九九八年、オンケール・サンダウナで開かれた最高裁法廷において、同性によるセクシャル・ハラスメント行為が公民権法第七条を適用して裁かれました。

最近の立法化では、一九九一年公民権法において、現行の差別禁止連邦法が拡大される等の多くの改正がなされました、また、それまでの被雇用者の法的保護に関する制限措置を容認する判決が否定されました。

個々の職場いびりに対する訴訟はその個人が保護されている法に基づいてなされるでしょう。例えばあなたが高齢のため職場いびりにあったのだと考えてみましょう。今は、職場いびりに関する特別法がないので、年齢差別を禁止する公民権法に基づいて提訴することになります。訴訟手続きとしては、州の人権委員会と連邦雇用機会均等委員会（ＥＥＯＣ）に訴状を提出する必要があります。また、同時に法的相談のために弁護士も探さなければなりません。しかしながら、訴訟をおこすにしても、事件が公民権法で規定する有効期間に入っているかを確かめなければいけません、そうでなければ提訴はできません。

敵対的な環境

連邦最高裁判所は、公民権法第七条は、経済的あるいははっきりした差別だけに限るものではなく、敵対的もしくは虐待的環境の職場で働く人々をも保護するものであると宣言しています。職場に被害者の雇用状態を変えるような脅迫、嘲笑、侮辱がある場合も第七条に抵触します。

「敵対的環境（hostile environment）」との訴えは、しばしばセクシャル・ハラスメントや、その他第七条の訴訟と関連して用いられています。職場いびりの被害者の場合には、この敵対的職場環境は、性差別でも民族差別でもない、一般的な嫌がらせでおこっていることが多いのです。職場いびりの被害者は常に敵対的環境を経験しているので、第七条で定義されているように、この敵対的環境は提訴の強い論拠となると思います。

連邦最高裁判所は、次項に挙げるものが敵対的環境を決定する因子であると言っています。

1　行為の頻度
2　激しさ
3　身体的脅迫、あるいは侮辱、あるいはもっぱら不快な攻撃的言辞
4　従業員の職務への非合理的な干渉（原注2）

私たちはこれまでも、これらが職場いびりでは広くみられることであると警告してきました。

更に、連邦最高裁判所はつぎのように結論しています。

1　この行為は非常に過酷で歪んだ環境を作り出すので、分別のある人がみれば、これは敵対的であるとか虐待的であると判断できる。
2　被害者の主観として、虐待的な環境だと感じた場合。(原注3)

公民権法第七条の拡大解釈を用いる場合でも、あるいは新法を用いる場合でも、この、敵対的職場環境に関する定義分類は、職場いびり被害者に明確な保護を与えるものとなるでしょう。

自己都合退職か、仕組まれた解雇か?

「仕組まれた解雇」は、経営者が故意に、仕事の条件を厳しくて耐えられないような仕事を与えて、従業員が仕事から離れざるを得ないようにしむけた場合です。常識的な従業員が、これは我慢できないと判断するものならば、その仕事の条件は「耐えられないもの」と考えてよいのです。(原注4)

自分を守るために「退職」してしまった場合でも、実際は「仕組まれた解雇」だったと証明することは可能です。ある巡回控訴審裁判では「その従業員の退職は本当は自己都合退職ではなく仕組まれた解雇だった」という判決を下しています。

報復的解雇——提訴の保障

あなたが雇用者に対し公民権法第七条に基づいて訴訟を起こし、雇用者が報復としてあなたを解雇した場合には、あなたは報復に対する賠償請求訴訟を起こすことができます。この保護規定は、職場いびりの被害者にも拡大適用されるべきです。

職場いびりの訴訟に関連した不法行為

不法行為とは 個人の人間性、財産、あるいは損害を被った当事者が不正の撤回を求めて尊厳を回復する行為に対し、不当に加える行為をいいます。次に述べる不法行為は職場いびりの被害者にも適用されます。

精神的苦痛を故意に加えること

極度の精神的な傷害が職場いびりの被害者に加えられているので、精神的苦痛を故意に与える行為の不当性は、もう一つの訴訟の根拠となります。この行為は過酷で情け容赦のない永続的で許されない行為です。

違法性を帯び、程度として過激であり、完全に良識の枠をはみ出し、極悪非道と見なされ、文明社会では耐え難いものであるというような行為についてのみ、これまでは法的責任があるとみなされてきました。

一般的によくある一つの例をあげてみると、いじめをする人が、ある一人の平均的社会人に対して、一つの事を何度も何度も繰り返してとなえるとしましょう。聞かれた人はいらいらしてきて、憤りをおぼえ、ついに「いい加減にしろ！」と叫んでしまいます。(原注5)

インタビューに協力してくれた人々の意見や職場いびりに関する文献から判断すると、被害者はこのような度重なる、あきれるような行為によって強いストレスを受け、抑圧状態になり、パニック発作がおこったりします。場合によっては、心臓麻痺さえ、職場いびりによっておきます。

ベネットらは次のように述べています――「過度の精神的苦痛は健康上あるいは身体的な危害を伴うことが多いが、法律はそこまでは及んでいない。その行為が非常に過酷で邪悪であれば、精神的苦痛そのものに対する責任が存在するはずである(原注6)」。

しかしながら、デイビット・山田教授は次のように警告しています。「私が強調したいのは、職場で故意に加えられる精神的苦痛に関する数多くの訴訟では、判決内容があいまいであるということなのです。裁判所は、その取り上げられた問題の行為がそれほど深刻でもないし、違法性もないと判断しているのです。ひどい職場いびりや集団いじめの場合でも、法的処罰は下されていません」。

続けて山田教授は言っています、「職務上のストレスに対しては、従業員の給料の中に補償が含まれているのだとの判決を下した法廷もいくつかあります。従って、故意に加えられた感情的苦痛に関する訴訟は、このように十分な救済が得られるという状況には、まだ立ち至っていないと言うべきです」(原注7)。

中傷―誹謗／悪口の申し立て

中傷は職場いびりに深くかかわっています。中傷とは個人の評判や熟練した技能の些細な問題点をほじくり出して、第三者、他の従業員、顧客や取引先、更には将来の雇用者に対して、誤った情報を宣伝することです。

文字に書かれた中傷を「誹謗（libel）」といい、一方、口頭での中傷を「悪口（slander）」といいます。一例をあげれば、一九九一年、ルーツ・ロイヤル保険会社に対して、裁判所は次の判決を下しました。

> 誤った情報が、人に強い嫌悪感、侮辱、嘲笑を与えたり、善良な意志や自信を失わせたり、また、他の人が当該者との接触を絶つというような、その人の尊厳を損ねることがあった場合、その誤った情報を流すことが中傷である(原注8)。

誹謗とか悪口が、実際、何のメリットもないということは十分わかっているはずですが、いくつかの裁判所では中傷の申し立てを、ただ不適当だとか、取り上げることが不可能であるとして受理しませんでした。

自由意志、契約、及び社会通念

大部分の州では、雇用は自由な契約で行なわれているので、しばしば従業員を勝手に馘《くび》にするのは経営者の権利だというふうによく言われています。従業員も、また多くの経営者も、従業員は理由なしに馘《くび》を切られても仕方がないと思っています。

しかしながら、すべての雇用は雇用者と被雇用者との合意事項であり契約です。したがって、自由意志による契約であるとか、契約書を取り交わしているとか、取り交わしていないとかに関係なく、ある一定の権利があります――もちろんあなたがその権利をもっているのです。

雇用契約書に雇用条件が明記されていれば、願ってもないことです。しかし、口頭の同意の場合でも、雇用者とのちょっとした短い言葉のやり取りによる不明確な了解事項であっても、「解雇に値する事由（just cause）」に該当しない限り、解雇されることはないのです。

いろいろな場合がありますが、被雇用者（従業員）は次に述べる項目の下で権利があるのです。

1　契約文書の制約。これは、書面で交わされた合意事項のことである。具体的な合意事項を書面にのこすことによって、勝手に雇用条件を決められるという関係を変更するのである。

2　実効を伴う契約上の制約。例としては、雇用者は、解雇に値する事由がある場合を除いて被雇用者を解雇することはないという文である。これは、契約書によく見られる文言である。

3 法律上の制約。例としては、雇用者、被雇用者の両者ともに、契約上の義務が課せられた「十分な誠意と公正な待遇」の誓約である。その誓約とは契約の成果を受け入れて、お互いの権利を無視したり傷つけたりしないことを意味する。(原注9)

自由契約による雇用規則

この法律は一〇〇年以上前のもので、上告者ペイン対ウエスタン・アトランチックRRの事件についてテネシー州最高裁判所で出された判決が基になっています。

人々は、何ものにも干渉されずに、好きな場所で売買すること、そしてまた、従業員を、善悪の理由にかかわらず、悪い理由としては法律上の有罪者であるという以外の理由を含んで、自由に解雇したり、雇用継続することを認める。また、従業員は、経営者と同じ目標あるいは経営者が望む目標に向けて、同様に、同じ程度、従事する権利を有する。(原注10)

しかし、最近では、裁判所はしばしば次のように判決しています。

雇用契約は雇用条件が明確に規定されていなければ、善悪いかなる理由にかかわらず、また、理由の有無にかかわらず、従業員を解雇できる。これは法律に違反していない。

法律に違反していないということは、州あるいは連邦政府の差別禁止法と同様に除外を認めないということで、自由意志で雇用したにもかかわらず、何らかの解雇理由をつけて申し立てることも認められないということを示しています（原注11）。

社会通念に反する誤った解雇

自由契約による雇用に関し最も多い異議申し立ては、社会通念に反した解雇です。一般に、二種類の、虐待と報復による解雇は許されないものです。

虐待的な解雇は、経営者が従業員の地位や知識に不満を抱き、その従業員に敵意を抱くことから始まります。ある裁判所では、経営者の単なる欲望、即ち企業側の誤りを隠したいとの意図や、不法行為を暴いたと思われる従業員への報復としての解雇を、虐待的解雇だと判決しました。この事件の原因は、経営者の不適切な行為を原告の従業員が知っていたことでした。

社会通念に反している別の例は、経営者が従業員の状況、例えば民族、肌の色、宗教、既婚か未婚かなどを判断してなされる場合です。

報復的な解雇は従業員の行為によって動機づけられます。このような場合、従業員は次のような理由で解雇されています。

a　法律に違反した行為を断ったため（例えば会社側の偽証をすること）。

b　公的な責任、義務を果たしたため（例えば陪審員を務めたこと）。

c　法的権利や特権を行使したため（例えば給料の異議申し立てをしたこと）。
d　経営者や同僚、仲間の非行を報告、または、裏で吹聴したため。

一九九四年一一月二三日、原告トンプト対コボーン社の裁判は、解雇された元社員が経営者を相手取って、退職に追い込んだ差別と、契約不履行、及び内容を歪曲した契約に対しておこした訴えについてでした。経営者が反訴として略式裁判を申請したときの判決は次のようでした。

1　アイオワ州は、元社員がガン保険の保障について調べ、なぜこのガン保険が適用されなかったのかの情報を集めたことに関して、解雇理由と認めない。
2　アイオワ州は、元社員が上記保険保障について、その説明を求めるため弁護士に相談したことが経営者への恐喝であるとの点について、解雇理由と認めない。
3　経営者の行為は非道であり、故意に加えた精神的虐待を許容することはできない。
4　名誉毀損の訴えに関して示された経営者が享受している特権は、社員にまで拡大して与えられる。（原注12）

重要なことは、ある種の裁判権や従業員の不安定な立場が、非道な行為を発展させたことです。他の裁判では、焦点が、雇用の理由から解雇された方法へと移ってきています。特に、これは、職場いびりと深い関係があります。

労働者の補償——非外傷性心的傷害：メンタル—メンタル疾患

職場いびりの被害者が仕事に悩み、落ち込んだ精神状態になることが、訴訟をおこすもう一つの原因です。アリゾナ州、カリフォルニア州、アイオワ州、ウイスコンシン州、およびワイオミング州では、労働者が仕事上こうむった精神的刺激やストレスによって精神的な傷害を受けた場合を考えて、規則や条例を制定しています。この種の傷害を外傷を伴わない心的障害とよび、メンタル—メンタル疾患と名づけられています。

これらの州の議会では、裏側の傷（back injury）のように、身体上の痛みを伴わない心的傷害は、仕事上のストレスが堆積したものとして、給料の中に補償が含まれていると決議しました。しかし、労働者雇用保険では、このような被害も補償対象であり、損害賠償請求をすることができます。(原注13)

一例をあげれば、フランシス・C・ダンレヴィー氏の場合がそうです。フランシス・ダンレヴィー氏は、一九九六年、アイオワ州最高裁判所の決定によって、労働災害補償金を得ることができたという注目すべき判例です。

メンタル—メンタル疾患に対して補償金を受け取ることができるという、この判決は、原告の職場環境が精神疾患の主要な原因であるということに基づいて出されたものですが、この点については、すべての内科医が賛同の意を表わしました。それまでの労働災害補償に関する判決では、心的障害に対する補償は、身体上に傷害の影響が出た場合にのみ認められていました。

このアイオワ州でのダンレヴィー氏の訴訟が、メンタル—メンタル疾病は賠償され得るとなった最初の判例です。経営者が誰であるかに関わらず、同じまたは同等レベルの仕事に従事している他の従業員が日常受けている職場ストレスより大きいストレスを受けて精神上の疾病になったときには、たとえ疾病が後日発病したとしても補償されると判決されたのです。(原注14)

職場環境保全法：労働安全衛生法（OSHA）

労働安全衛生法には精神的あるいは感情面に関する安全措置は含まれていませんが、この法律の目的は、労働者をいろいろな災害や被害から守ることを目的としています。

この目的により、職場いびりも職場環境安全規則と法——特にOSHAの内容に含まれる予防対策——の適用を受けることができると考えられます。職場いびり禁止法は諸外国、特にスウェーデンでおこなわれてるように、この労働安全衛生法（OSHA）に含まれるのが良いと、私たちは提案します。

現在、規定されているOSHA基準は、職場での精神的あるいは感情面での損傷を引き起こす要因については適用されていません。しかしながら、アイオワ州法典八八章第四項の『一般義務条項』には、労働安全衛生法が職場の安全衛生を害する要因について規定し罰を科すことを認めていると書かれています。これは、OSHA基準自体には含まれていないが、もし、その要因が身体に障害を及ぼし、あるいは及ぼすかも知れない原因であれば、罰を与えることができるということを意味しています。

手続き上配慮すべき事項

タイミング――いつ提訴すればよいか?

差別に対する提訴のタイムリミットは非常に短く、六ヶ月または一八〇日以内です。この期限から一日でも遅れれば、訴訟は退けられ無効となります。したがって、できる限り速やかに法的事件を有資格者の弁護士かＥＥＯＣ（訳者注：雇用機会均等委員会の略称）のような人権擁護部局に相談することが重要です。

個人責任 対 経営者責任

あなたが訴訟をしたいのは職場いびりをおこなった個人に対してでしょうか、それとも経営組織に対してでしょうか？　公民権法第七条下では、ほとんどの差別に対する訴訟において、被雇用者個人には責任を科すことができないと規定されています。

経営者には被雇用者個人についての責任が課せられています。経営者とは、相談役とか雇用や解雇権あるいは、雇用条件に関する絶対的な管理権限をもった人をいいます。他の考慮すべき問題点としては、経営者が職場いびりの訴えに対して適切な手段をとったかどうか、また、経営者がその事実を知りながら何ら処置を取らなかったか、などです。
それゆえ一般的に、訴訟は経営者に対しておこされるのです。

損害の賠償

職場いびりによって受ける侮辱、傷ついたプライド、怒り、心傷、失望、不安、および精神的苦痛は、感情に加えられた危害です。公正な基準や精神的苦痛による代償報酬で賠償されるべきもので、その苦痛や将来の経済的損害に対する賠償及び応報金額が設定されるべきです。

立法への要求

——連邦法では、兵器工場のすべての武器は検分されることになっている——職場におけるすべての虐待から従業員を保護するため、国会で一致決議した成果の一つの例である——と見るべきであろう。

—マーク・ベネット、ドナルド・ポールディン、ハワード・ルービン著
『雇用関係——法とその運用』

アメリカの職場における精神的虐待である職場いびりは、未だに独自の訴訟原因だと認められていない。従って、この型の障害を処理する明白な法がないのである。

職場いびりの被害者は十分に保護されていない。たとえ、訴訟が、あちこちの異なった法廷で、人権保護の問題として起こされていようとも。職場いびりは誰にでも振りかかるものであるので、法的保護をうけるためとはいえ、個人個人が特定の保護を受けるべき差別を受ける階級であるという必要はないであろう。

職場いびりやそれによる精神的外傷が広くみられるゆえ、我々は、次のような新法の立法化を要求する。

1 職場いびりの状況を具体的に記述すること
2 長期的に続く強度の精神的、身体的疾患の存在を認識すること
3 予防機関を設けること
4 潜在的被害者に対する効果的な保護制度を構築すること

被害者を保護し、また、彼らに加えられる危害を償うための新しい法的概念を形成し、発展させるため、新規の項目を作成することが必要である。

・〜・第八章 原注・〜・

この章の主要な参考文献は、マーク・W・バーネット、ドナルド・J・ポールディン、ハワード・J・ルービン著『雇用関係――法と実際』（アスペン出版、一九九八年）である。本章は、弁護士の法的サービスの代用とされるものではない。私たちは、いかなる人や組織にも責任を負っていない。

法的補償に関する実際上の考察は第四章で行なっている。

1 Bennett,et al.,1998:4.02（A）4-8
2 Bennett,et al.,1998:4.02（A）4-17
3 Bennett,et al.,1998:4.02（A）4-18
4 Bennett,et al.,1998:4.02（C）4-84
5 Bennett,et al.,1998:8.05（A）4-64
6 Bennett,et al.,1998:8.05（B）8-70
7 David Yamada,personal communication,3/30/99
8 Bennett,et al.,1998:8.02（B）8-8
9 Bennett,et al.,1998:2.03（A）2-21
10 Bennett,et al.,1998:2.02（B）2-4
11 Bennett,et al.,1998:2.02（B）2-4
12 Thompto v. Coborn's Incorporated 871 F. Supp. 1097（1994）.

13 Bennet et al.,1998:2.04（A）2-38

14 FRANCIS C. DUNLAVEY, Claimant, v. ECONOMY FIRE AND CASUALTY CO., Insurance Carrier, Defendants. File No.858652 APPEAL DECISION by the Iowa Industrial Commissioner, October 26, 1992. DUNLAVEY v.ECONOMY FIRE AND CASUALTY CO.,526 N.W. 2d 845,85（Iowa 1995）.

第九章
自覚すること

ある人の回顧

この数日間この本は、読めば読むほど、私の脳に刺激を与えてくれました。私も、職場いびりは個人的に経験しているので、様々な視野からこの問題を考えてみました。

まず最初に、会社役員や代表者の視点にたって、かつて私もその地位にあったのですが、自分自身の行為を振り返りながら、この本を読んで自問自答をしました。私は職場いびり行為をおこなったか？　私は他の人々職場いびり行為に協力したか？　私は職場いびりがあると知った時、あるいは、知ったとしたら、調停しただろうか？

私は、職場いびりに参加もしなかったし、協力をしたこともなかったと結論しました。私は職場いびりを自分の部門では見たことがありませんでした。しかし、同時に、私は、私を支えてくれたアイデアや人に対してまでも〝壁〟をつくっていたことを認識し、それは自分でも他の人でも、自己防衛の手段であることもわかりました。今までそんな風に感じてはいました。でも、実際の行動はそうではなかったようです。

第二に、私が顧問になって間もないころ、職場いびりを経験したことがあるので、この情報がその当時に起こったことを考えるのに役立ちました。このことは、今では、昔の古い記憶です。しかしながら、その後にも、独立したコンサルタントの時、私は職場いびりにあいました。私は、この最近の事件については、私自身が責任をとる形で問題を終わらせたので、よく覚えています。これはあまりおもしろい経験ではありませんでした。この時、疑いなく、私は、自分が自己陶酔型のうぬぼれ屋だとわかったのです。

第三に、私の兄が仕事で信じられないような、いやないじめに苦悶しているのを、妹の立場からみたという経験があります。兄は地位を失って降格され、事前連絡のない突然の業務スケジュールの変更によって評判を傷つけられ、同僚の目の前で相談役やマネージャーから嘲笑され、勤務以外で起こった事故を非難されたり、などのいじめを受けていました。しかし、今でも彼は職場に留まっています。何故なの？　彼は仕事を愛しているからです。同時に、比較的良い給料と手当があるこの仕事を高齢のために辞めさせられるのではないかと心配しています。そして、彼にとって、留まることが、たとえ傷つこうとも、名誉ある闘いなのです。

第四に、私が子供の頃、家庭内でいじめを受けたという経験があります。本書のインタビュー協力者の経験と、私が子供の時に幾度も直面したことが、全く同じであることが認識できました。(原注1)

……職場構造が、新しい社会設計、協力を推進するもの、正義、社会意識の高揚や拡がりなどによって改革されないかぎり、虐待の発生やその結果に意義ある変化はおこらないだろう。

—ハーヴェイ・ホースタイン
『残酷な上司とその犠牲者』

我々は、その残虐行為を明るみに出しなくすために、一人の人間、一つの会社、一つの法律を同時に、働かさなければならない。

—ゲリー&ルース・ナミ
『職場いじめに耐えるために』

・〜・〜・〜・〜・

本書で私たちが強調したいことは、職場いびりは本質的に集団現象であるということです。しかし、責任ある行動をとるために、一人一人が職場いびりの性質とその引き起こしたことに関する自覚を強め、自分が職場いびりを持続させる役割を果したかもしれないことをよく認識することが必要です。これは、集団的な狂気が引き起こされないように、個人が警戒することです。前頁の『ある人の回想』は、この注意深い自己点検の一例です。

前章で私たちは、職場いびり現象を分析し、それがどういうものなのか、また、なぜ起こるのかを述べました。また、精神的虐待が被害者にどのような影響を及ぼし、友人や家族は何ができるのか、会社組織に何が起こり、どのような注意が払われるべきか、についても述べました。この章では、職場いびりが総体的に、私たちの社会にどのような影響を与えるのかを問いかけてみたいと思います。私たちみんなが——市民社会の一員として——職場いびりを阻止するのに、どのような協力ができるのでしょうか？　一個人に対する衝撃の悪い影響が、家族、会社組織、地域社会、さらに広範囲の社会に波のように拡がっていきます。

本書の前半で、職場いびりと人間関係に起こる緊迫、つまり別居とか離婚——これは、言うまでもありませんが、子供にはよくないことです——との間に関連があることを指摘しました。このことが、関係者すべての人に、精神的な苦痛を与えるのです。

地域社会は、職場いびりの被害者のもつ創造性と生産性の能力を失ってしまいます。職場いびりの被害者は、職場での出来事で長期にわたり悩まされた結果、以前は有意義な貢献をしていたのに、今では全く地域社会に貢献できなくなっています。職場いびりが起これば、皆が被害を受けるのです。

職場いびり現象の社会的経済的な影響については、アメリカではまだ、算出されていません。これらの影響を実際に算出する研究はまだありません。しかし国立人事院は、職場いびりによって、一九九〇年に年間五〇～六〇億ドルの損失が発生したと試算しています。(原注2)

スウェーデンでは、職場いびりに起因した経済的損失から国家予算を守るため、「職業復帰法」が一九九四年に制定されました。この法律では、被雇用者が病気で一ヶ月、あるいは一二ヶ月以内に一〇回、仕事を休んだ場合、雇用者は、直ちに社会保険事務所に「職場復帰計画書」を提出することが義務づけられています。この法律の目的は、復職の費用を発生源――即ち職場いびり（精神的虐待《ぎゃくたい》）を引き起こした職場に科すことです。(原注3)

他のスウェーデンのデータでは、酷くいじめられた被雇用者は早期退職する傾向が示されています。(原注4)

レイマン博士はスウェーデンにおける自殺者の約一〇～一五％が職場いびりに起因していると算定しています。(原注5)この数字の実際のデータは手に入れることが不可能であるため不確実ではありますが、他の研究所では、調査によって、被害者のほぼ半数が自殺を真剣に考えていると確認してい

ます。（原注6）

近年、アメリカでは、年間三万人以上の自殺者があり、これは一〇万人当たり、約一二人、もしくは一七分に一人が自殺する割合に相当しています。職場いびりによって起こった自殺は全自殺者の一〇％であるという控えめのスウェーデンの数値によって、アメリカの職場いびりに起因する自殺を換算すると、三〇〇〇人以上となります。（原注7）

職場における殺人ということに関しては、金銭問題や財産所有権問題等のトラブルのため、雇用者や被雇用者が毎年殺されています。不満を持った被雇用者が職場で起こす発砲事件は頻繁に起こって、そのたびにニュースになりますが、この悲劇の底にある深い背景を解明する報告は、ほとんどありません。（原注8）

次に示す表は、精神面での社会的影響、職場いびりの社会的損失、個人や家族あるいは地域社会が負う経済的費用を、部分的に表わした一覧表です。

精神的負担と経済的負担

社会は様々なところで、職場いびりの防止の手助けをする重要な役割を演じています。たとえば、

アメリカ文化の典型的特質

影響を受ける対象	精神面での社会的損失	経済的負担
個人	・ストレス ・精神的疾患 ・身体的疾患 ・事故 ・身体障害 ・隔離 ・別居の苦痛 ・同等レベルの仕事の喪失 ・交友関係の喪失 ・自殺／殺人	・薬局での投薬 ・治療 ・医師への支払い ・病院への支払い ・事故費用 ・保険料 ・弁護士への支払い ・失業 ・雇用 ・職探し ・配置転換／転宅
家族	・支援が得られないという苦痛 ・困惑といさかい ・別居または離婚の苦痛 ・子供への影響 ・別居または離婚による損失	・家庭への無収入 ・別居または離婚の費用 ・治療
会社組織	・意見の衝突 ・協調精神の減少 ・モラルの低下 ・創造性の衰退	・病欠の増加 ・配置転換の費用 ・低生産性 ・仕事の質の低下 ・専門知識の損失 ・補償費用 ・失業費用 ・法的／和解費用 ・早期退職 ・人事管理費用の増加
社会／地域社会	・社会的に不幸な人々 ・政府の無関心さ	・健康管理費用 ・保険費用 ・失業または雇用による税金の損失 ・公共支援計画の要求増加 ・公共精神衛生計画の要求増加 ・人事管理コストの増加

研究所、メディア、健康管理産業、電話相談、被雇用者支援計画、保険会社、組合、及び連邦政府機関、教育者、コンサルタント組織、法的機関などが職場いびりの発生を防ぐために協力をおこなっています。

研究──行動基盤の構築

職場いびりやいじめの研究は最初スカンジナビアから始まり、そこからヨーロッパの各国に拡がりました。しかしアメリカでは、職場いびりの発生、拡大、その性質、損失に関する研究は、ほとんど行なわれていませんでした。健康管理学、経済学、組織（社会）心理学、社会進化学分野の研究者は、この国でおこされた訴訟に関する重要なデータをつけ加えるべきでしょう。（原注9）

メディア──自覚の構築

一般市民の自覚によって、変化もまた促進されます。報道メディアは、自覚を産む道具です。ジャーナリスト（記者）は、人々に職場いびりの存在を知らしめ、そして論議と教育の手ほどきをすることができます。

もし、あなたが職場いびりを経験したならば、その一部始終を新聞や雑誌に投稿したい、また、本書の一例にしたいと思ったことでしょう。もし他の誰かが職場いびりと思われることにあっていると知ったなら、あなたは彼らに投書するように勧めるでしょう。そういう一歩を踏み出すことの良否を、あなたは慎重に考えるでしょうが、しかし、実際の話が語られれば語られる程、変化のはずみは増々大きくなっていくのです。

医療サービス――一つの鍵

看護婦、医者、セラピストには、果たすべき重大な役割があります。彼らは、日々、ストレス関連疾患の患者を扱っています。本書で述べてきたように、長い間職場いびりの環境下で働いてきた人たちは、重い疾患に罹ります。ストレス関連疾患という病気そのものだけを取り扱うだけでは十分でないと思われます。

私たちは、健康管理学の専門家に次のことを要求します。

1　仕事で何が起こっているのか、患者の症状の原因が本当に職場いびりに起因しているのかを見極めること。

2　自分自身で勉強し、仲間達に職場いびりによっておこった疾患を理解させるよう教育すること。そうすれば、病気の症状の原因を把握し、適切なアドバイスを与えることができる。

3　患者を助け、職場いびり症候群を理解すること。

4　職場いびりの被害者に対して、心的外傷後ストレス障害症候群に対する処置を適用すること。

地域社会における電話相談――「最初の応答者」

多くの地域社会では、公共機関が運営する二四時間電話相談体制が整っています。多くの場合、その職員は十分に教育されたボランティアで構成されています。彼らに、職場いびりのおこす症状についての教育をすることは重要なことであり、そうすれば、理解を深め適切なアドバイスを与え専門医へ紹介することもできます。

被雇用者支援計画（EAPs）――重要な役割と注意事項

被雇用者支援計画の担当者は、しばしば、精神的社会的問題をかかえた被雇用者とかかわる最初の人となります。彼らは精神衛生上の問題の原因を究明するという重要な役割があるので、直ちに適切な行動をとり得る人たちです。多くの被雇用者支援担当者は、特に、行動に対する危険度管理（患者がどういう行動をとれば、どんな危険が発生するかを考える管理）について教育されています。従って、彼らが、職場いびりが問題行動、苦悩や憂鬱、あるいは自殺願望など、を引き起こす高危険因子であると気が付くことは絶対に必要なことです。職場環境がどういう状況なのかを理解するだけでも、彼らは、適切な支援をすることができるでしょう。

雇用者とのつながりによって、EAP担当者は、ある組織の良い地位について、管理運営を行なうようになるかもしれません。しかし、もし管理運営に職場いびりが含まれているとしたら、これは大きな苦境に立つことになります。被雇用者支援（EPA）担当者は、依頼人の権利を守り、完全な機密保持を守らなければなりません。しかしながら、すべての雇用者が皆、同様に、機密保持を保証するとは限りません。あなたがEAPの依頼人である場合、あなたの雇用者が機密保持に関してどのような方針を持っているのか、その説明を文書で得ておくことをすすめます。（原注10）

また他の理由によって、あなたは慎重にならざるを得ません。ワイアット博士とヘア博士はEPA専門家の助力は必要であることを指摘しつつ、他方、彼らの著書『職場の虐待』で、次のように警告を発しています。「専門家たちは、どのような対立もあなたの側に落ち度があるとの前提で考えている。たとえば、あなたの抱えている個人的問題によって対立が生じているのではないかとか、あるいは、あなたの性格を変える必要があるのではないかという具合に。彼らはあなたが働いているシステムには目を向けないだろう。なぜなら彼らは、システムを改良する権限も（おそらく知識も）持ち合わせていないから（原注11）」

健康保険会社——警鐘を鳴らすこと

職場いびりは保健管理の必要性を増加させます。もし、ある会社の従業員から、あるいは、ある会社のある一つの部門から多くの請求が出てくれば、保険会社は職場いびりに対し、警戒態勢をとるでしょう。

行動性危険度評価は、保険会社が、割増保険料を決定する際に用いられます。再調査されるという恐れだけで会社は、職場いびりに対して、もっと予防措置をとるようになるでしょう。

保険会社は、雇用者からも被雇用者からも職場いびりに関する情報をたくさん集めて、損失削減を願って、この問題に大きな注意を払うことでしょう。

組合――もう一つの鍵

今日、組合は存在しますが、彼らもまた、積極的に変化することが、絶対に必要です。組合員がセクシャル・ハラスメントや差別などでない、容易に分類できない問題を持ち込んできた時、代表は、それが職場いびりによって引き起こされた可能性があると考えるべきです。あなたが組合員だったら、代表に会って、現在何が起こっているかを言いなさい。

特に、組合の代表者は、次のことをおこなうことができます。

1　職場いびりを調査すること。
2　紛争の解決や調停チームの設立を助け、職場いびりを受けている個々の組合員に成り代わって、雇用者に働きかけること。
3　職場いびりに対する必要な事項を契約書の中につくること。

4　他の嫌がらせと同様、職場いびりによる精神上不健康な環境を改めるよう、雇用法の改定を議会に働きかけること。

州および連邦政府の労働省局――法の執行

州の規定では、労働委員の仕事は、労働法を遵守し、保護し、労働安全衛生法の規則に基づいて、労働上の安全を確保することです。労働安全衛生法（ＯＳＨＡ）の焦点は労働者の身体の安全を保護することです。しかし職場の安全はまた、精神的傷害からの保護も必要としています。職場いびりを受けていたり、その結果メンタル――メンタル傷害――即ち、精神上の大きなショックによって起こる心的傷害――で苦しんでいる人たちは、州の産業委員会に調査をしてくれるよう、苦情を申し出ることができます。

州の人権擁護委員会は、法第七条に規定する差別状況に基づき、苦情を調査します。苦情が差別であると明確に決定できない場合、それは職場いびりの事例です。従って、その事例は州の産業委員会に委ねられることになります（原注12）。

教育者――丁重な振る舞いと紛争の解決を教える

教育者は、次世代の労働力をつくる人です。アメリカ中の多くの学区で、州の公立および私立の教育機関の教育者たちは、過去一〇年間、紛争の解決技術を学校で教えるように一致団結して働きかけてきました。K―12システム下の数千数百の学生が、紛争を前向きに処理できる技術を学んできました。彼らは、怒りを処理して、暴力を防ぐこと、他人の意見を聞いて尊重すること、必ず話し合いの場を設けること、自分自身で解決法を考え出せないときには助けを求めること、等々を学びました。また、彼らは、真実には多面性があることも学びました。これら学んだことは、学生たちが将来、職場いびりの渦に巻き込まれたときにそれに対処するための、重要で必須の技術です。アメリカはこれらの努力をすることでは、世界に先駆けています（原注13）。

多くの学校では、いじめの行為を処理するための特別の教育プログラムが導入されています。学生達はいじめを処理する方法、また、いじめが彼らの行動に与える影響について学習します。一例としては、ベバリー・タイトル氏とラーナ・B・レオラルド氏の著書『いじめ追放教程（No-Bullying Program）』（テーチング・ピース発行）があります（原注14）。

これらの努力は続行し、もっと拡大しなければなりません。若者たちが、職場いびりも含めて、職場や家庭や地域社会における紛争を、より上手に処理することができるように、そのために必要な基礎を構築するために。

組織コンサルタントとトレーナー――最前線において

会社組織の中心部を見通せるのは、組織コンサルタント（専門相談員）以外にいません。コンサルタントは職場いびりが起こりやすい構造的弱点に関して大きな責任を有しています。従って職場いびり現象を十分に理解し、単に困った人々が出現したと思うような誤りを犯さないことが非常に重要なことです。

ところで、トレーナー（訓練士）の役割は何でしょうか？ 職場いびりに関して、組織を監視することや、職場いびりを防止するための支援などが仕事です。彼等は、全く新しいトレーニングの領域を作り出すことができます。それは、作業場での小集会であったり、セミナー（研究集会）であったり、左記の訓練過程の勧めであったりします。

・職場いびり防止方法
・職場いびりの処理方法
・職場いびりに屈服しないこと——あなたの個性と自分自身の価値を維持すること
・職場いびりを知るためには、どのような管理が必要か
・職場いびり関連法規

合法的な地域社会——より良き準備をすること

弁護士には、職場いびりの被害者を防護する重要な役割があります。いかに多くの人が、実際に職場いびりにあったとき、民事訴訟に訴えたいといって弁護士のもとを訪れていることでしょうか。

その場合、弁護士は、現在施行されている法令に基づいて、どのような訴訟を助言することができるのでしょうか。

立法府は、仕事上の虐待の実状を、よりよく処理しようと、新しい法令をつくり、また、現在の法令を拡大し始めています。合法的な地域社会の理念として、次の事項を考慮することが望まれます。

1 職場いびりを受けている個人を助けるため、現行の法律が、どのように解釈されているかを調査すること。
2 州立職業安定所とも協力して、職場いびりの被害者の法的支援をおこなう部門を設置するようにすること。この部門では、また、議員団の協力の下に、法的情報だけでなく教育的情報も提供すること。
3 職場いびりについて焦点をあてて、弁護士会を通じて、現行の法令を改正したり、判例集を用いて、職場いびりの被害者である労働者の代理として、忠告を発すること。
4 法律誌に事例報告を載せること。
5 継続的な教育事業を行なうこと。
6 職場いびりの被害者を会合や懇談会に招くこと。
7 労働委員会または産業委員会のような、州の機関に情報を提供すること。

一例として、職場いびりの認識の増加によって、スカンジナビアで何が起こったかについて、もう一度振り返ってみましょう。スウェーデン、フィンランド、ノルウェーは、現在、法律で労働者の精神および身体両面について健康であるような職場環境をもつ権利を認めています。スウェーデン国立労働安全衛生省は、この法令を施行するにあたって三段階を決め、その中の一項を、特に職場いびりにあてています。第一段階は、雇用者が普通レベルの職場環境で内部管理を行ない、初期の段階で対策をとるよう義務付けています。第二段階は、職場いびりが発生した場合に直接介入を行ないます。第三段階は、法令によって雇用者に、労働者が年間一〇回以上病気で職場を離れるか、もしくは、最低一ヶ月間病休した場合、職場復帰計画を実施する責任があると定めています。(原注15)

要約すれば、私たち皆が一致して努力すれば、職場いびりによる経済的損失はかなり減少するはずであり、かつ可能であるということなのです。

・〜・第九章 原注・〜・

1 マリー・リネット・ハンソーン著(Marie Lynette Hanthorn)、『人間のコミュニケーション(personal communication)』から許可を得て引用。彼はアリゾナ州タスコンのビジビリティ(Visibiliti)書房の共同創立者。

2 『人事ジャーナル』一九九一年六月号。ブラディ・ウィルソン(C.Brandy Wilson)の「職場の精神傷害からのアメリカビジネスの苦しみ（U.S Business Suffer from Workplace Trauma）」から引用。
3　スウェーデン労働安全法一九九四年。
4　一九九一年、五五歳以上の労働者の約二五％が早期退職。この早期退職者の年間二〇～四〇％がみじめな精神環境が原因。この年齢の退職者の約三分の一～五分の一は職場いびり（モビング）で苦しんだ。レイマン博士の『モビング辞典：いじめ（Bullying）』、スウェーデン国立社会保険局所属、レイマン博士のインターネットファイル一五一〇〇eと人間の対話「口笛を吹く（Whistle-blowing）」から引用。
5　レイマン（Leymann）一九九八年
6　ホエル他（Hoel etal）一九九九年二〇四号
7　アメリカ自殺学協会（American Association of Suicidology）。ワシントンDC.20008 TEL 202-237-2280
8　連邦調査局、国家犯罪司法委託サービス、司法部から提供された殺人統計であるが、職場に直結した殺人の数値は正確に把握できない。
9　職場での精神的虐待の定義と概念に関するアメリカとカナダの主な調査のまとめであるローライ・キースリィ（Loraleigh Keashly）の論文「職場での精神的虐待（Emotional Abuse in the Workplace）」を参照　キースリィ、一九九八年　ホエル他一九九九年
10　EAP職業安定所、一九九六年五・六月発行「機密パンフレット（Confidencial Brochure）」より引用。
11　ワイヤットおよびヘア（Wyatte and Hare）一九九七年
12　産業または労働委員会の名称は州によって異なる。
13　CREネット局の教育ネットワークの紛争解決（The Conflict Resolution）」より。詳細を知りたい方はC

REネットへ訪い合わせのこと。New Hampshire Ave.Washington DC. Tel:202-667-9700 Fax:202-667-8629

14　タイトル、ベバリー（Title,Beverly）一九九五年

15　スウェーデン国立労働安全衛生局　AFS一九九二、一九九三：一七号，一九九四：一号　この法規および法令はスウェーデン国立労働安全衛生局で入手可能。S—一七一八四　ソルナー（Solna）スウェーデン発行サービス　Fax:+46-8-730 9817

終章
洗練された労働文化をつくること

対人関係を上手に運営したり、礼儀正しさや公正さを明確に表現するには、作法という暗黙の習慣が存在する。世界中のさまざまの社会を通じて、こまかい習慣は変化するが、その機能はどこにおいても共通である。習慣は、社会に生きる人々を、侮辱や個人的危害から護るものである。

—ハーベイ・ホースタイン
『残酷な上司とその犠牲者』

我々の存在の目的は他の人々を救済することである。もしそれができないのなら、少なくとも他人に害を加えないことである。

—ダライ・ラマ

・〜・〜・〜・〜・

歴史的な視野でみると、西洋の文化や特にアメリカでの労働文化には目を見張るような発展がありました。過去一五〇年間で、奴隷容認から労働者を保護する法律へ、利潤を生み出す仲間へと変化してきました。

しかし、今日、この変化はまだ充分ではありません。現在の労働の文化においても、潤いのある環境を作り出すことが必要とされています。

潤いのある職場では、リーダーは同僚を認め、正当に評価することができます。彼らは創造性、協力、チームワーク、信頼、問題解決、公開された公正な情報交換、紛争処理を奨励します。また、労働者に個性を伸ばす機会を与え、精神面での健康や精神的に安全な職場をつくります。このような職場では、労働者は意志決定に参加することができ、評価されていると感じ、ふさわしい場所にいるという感覚を持ちます。

こういう会社が繁栄するのです。このことは広く認識されていて、研究もされ、また、著しい利益を挙げていることも証明されています。

労働文化が、いかに一般市民社会を反映しているかが、疑いもなく重要なことであり、こういう社会では、すべての人々が評価され、尊敬の念を持って扱われています。すべての人は、尊厳をもち、敬意をもって扱われる権利があります。これが礼儀正しさというものです。このような環境の下では、職場いびりはほとんど起こらないし、たとえ起こっても、広がる前に、阻止されることでしょう。このような環境の下では、少数者の大きな利益あるいはより大きな利益のために、個人が犠牲になることはないでしょう。

一旦、職場いびりについて自覚ができれば、人々はどのような仕事であれ、品位を傷つける行為を受け入れようとはしないと、私たちは信じています。労働者は公正さ、正義、敬意のある取り扱いを望んでいます。労働者は、利潤を挙げる計画や、敬意と多様性のある職場、セクシャル・ハラスメントのない職場を望んでいますが、それと同様、職場いびりのない環境を望んでいるのです。

威嚇行為、セクシャル・ハラスメント、差別、無視、窃盗や麻薬の売買や服用など個人の違法行為と同様に、職場いびりもひどい違法行為とみなされるようになることを望みます。

職場いびりに関する私たちの研究は、また、他の分野でのいびり・いじめに対しても私たち自身の目を向けることになりました。私たちは、いびり・いじめは家庭にも、地域社会にも、きちんと組織された機関でも、そして政治の世界においても発生していると思います。人が侮辱され、排斥され、職場から追い出されるということと、他の分野におけるいびり・いじめとは本質的に何も異なりません。環境は異なりますが、いびり・いじめ行為が被害者に与える衝撃は、職場いびりと同様に破壊的であり、大きな苦痛、苦悩、病気、悲痛、社会的損失を生み出します。人間の相互作用の背景がどのようなものであろうとも、人間の尊厳、正義、創造性を護るために、警戒が必要です。

自覚の形成、良い教育、初期の警告によって職場いびりの渦に巻き込まれた人に――加害者にも被害者にも――何が起こったかを理解してほしいと思います。できれば、彼らが、自分自身が変化をおこすことができるんだということを知るようになって欲しいと思っています。

もし私たちが差別に目をつむっていれば、職場いびりについても目をつむることになります。職場で人権が尊重されれば、社会における人権擁護に反映されるのです。

あとがき

まず、職場のいじめの大学版といえる、アカデミック・ハラスメント（アカハラ）について説明させていただきたいと思います。

日本の大学でもセクシャル・ハラスメントについて関心が高まってきた一九九三年頃、男性も受けている研究妨害や中傷などの嫌がらせについて「アカデミック・ハラスメント」という言葉が自然発生的に現われ、大学関係者の間に口コミで広がっていきました。一九九五年、社会学者の上野千鶴子・東京大学大学院教授は、女性研究者が置かれている状況を集めた本を編集し、『キャンパス性差別事情――ストップ・ザ・アカハラ』（三省堂）と題しました。これによって、日本の大学・研究機関における性差別、セクシャル・ハラスメント、性的でない様々な嫌がらせが「アカハラ」と呼ばれるようになったと思います。私が、一九九八年三月、所属している講座の教授による研究妨害等の嫌がらせを訴えた時、「アカハラ訴訟」と称したのは、この言葉がぴったりの内容だったからです。

その後、「アカハラ訴訟」支援の会のホームページを通じて、同様の状況に苦しんでいる多くの人と知り合い、勇気づけられましたが、同時に、アカハラ被害の予想外の多さに驚きました。また、日本の多くの大学・研究機関や学界は小さく閉鎖的なため、被害を受けた人たちは周囲から孤立し、そのため非は本人にあるように見なされている場合がほとんどであることもショックでした。これがアカハラをなくすために本会「特定非営利活動法人アカデミック・ハラスメントをなくすネットワーク」（略称アカデミックNPO）を設立した契機です。

日本の大学ではどこでもアカハラがあるらしいと知るようになって、では、外国はどうなのだろう？　欧米ではアカデミック・ハラスメント（アカハラ）に相当するようないじめ・嫌がらせはないのだろうか？　また、大学に限らず、一般の職場いじめはどうなのだろうか？　という疑問が湧き起こってきました。インターネットで職場のいじめを扱っているサイトを調べてメールを送ったり、学会誌に投書したりして、何人かの人と知り合いになりました。その一人が本書の著者ノア・ダベンポートさんです。

本書で、私は、職場のいじめ・嫌がらせに対してモビング（Mobbing）という言葉が与えられていることを知りました。本訳書では、「職場いびり」と訳しました。アメリカ合衆国におけるモビング（Mobbing）の最初の解説書である本書は、職場いびり（モビング）の被害者のために書かれた本で、これを読んだ時、身につまされ、共感し、日本におけるいじめ・嫌がらせも全く同じであり、標的になった者の受ける苦しみも全く同じであることを感じました。個々の事例の中のいくつかは文化的相違のために理解しにくい箇所もありますが、インタビューに応じた人たちの話は、その場の状況まであありありと目に浮かぶようで、また、本文の一行一行に胸が詰まりました。そこで、この本を日本にも是非紹介したいと思い、翻訳を思い立ちました。幸い、ボランティアで翻訳をしてくださる方が見つかり、緑風出版が翻訳権をとって刊行してくださることになりました。

翻訳は、巻末訳者紹介に記載の七人の方に一、二章ずつ翻訳をしていただき、その訳文をNPOの数人で読み、日本語としてわかりにくいところ等を抜き出して、その部分については翻訳をやり直していただき、その後、全体のトーンを統一する作業をおこないました。著者からは、原文に忠実に翻訳してほしいとの要望がありましたので、監修時も、原著と翻訳文を見比べながら、文意はもとより、原著のトーンを日本語でも再現するように心がけました。翻訳者の方々、監修に携わってくださったNPOの方々のご苦労に感謝いたします。なお、本訳の刊行にあたっては、緑風出版の高須次郎さん、高須ますみさん、斉藤あかねさんに御世話になりました。改めて御礼申し上げます。


最後に、本書の中から次の文を引用し、日本でも「職場いびり」の言葉が定着し、対策が進むことを望みます。

「精神的虐待は職場において特別新しい現象ではありません。しかしながら職場いびり（モビング）という名前を与えることにより、そして派生して起こってくるいろいろな問題をあらたに認識することにより、組織は防止のために動き出すことができるのです」

本訳書を多くの職場や組合の方々、行政機関や大学等の教育研究機関でも読んでいただき、職場いびりやアカハラをなくすための一助としていただきたいと存じます。

二〇〇二年八月

特定非営利活動法人アカデミック・ハラスメントをなくすネットワーク

代表理事　御輿久美子（おごしくみこ）

〒530-0042
大阪市北区天満橋一―三―二〇―三〇七
ホームページ http://www.naah.jp

Schultz, Vicki. 1998. Reconceptualizing Sexual Harassment. *The Yale Law Journal*, Vol. 107, Number 6, April 1998.

Schuepbach, Karin and Torre, Rossella. 1996. *Mobbing. Verstehen - Ueberwinden -Vermeiden. Ein Leitfaden fuer Fuehrungskraefte und Personalverantwortliche*. Zuerich: Kaufmaennischer Verband.

Tannen, Deborah. 1990. *You Just Don't Understand*. New York: William Morrow and Company, Inc.

Title, Beverly and Leonard, Lana S. Teaching Peace. *The No-Bullying Program*. P.O. Box. 412, Hygiene, Co, 80533. Internet: <info@teachingpeace.org>.

Title, Beverly B. 1995. *Bully-Victim Conflict. An Overview for Educators*. Published by Johnson Institute, Minneapolis.

Victimization at Work. 1994. *Statute Book of the Swedish National Board of Occupational Safety and Health*. Ordinance Swedish National Board of Occupational Safety and Health. Solna, Sweden.

Waniorek, Linda and Axel. 1994. Mobbing: *Wenn der Arbeitsplatz zur Hoelle wird*. Muenchen: mvg verlag.

Westhues, Kenneth. 1998. *Eliminating Professors. A Guide to the Dismissal Process*. Queenston, Canada: Kempner Collegium Publications.

Westhues, Kenneth. 2002 (forthcoming). *Human Sacrifice in Universities: Toronto versus Richardson* (proposed title). Lewiston, New York: Kempner Collegium Publications.

Wilson, Brady, C. 1991. U.S. Businesses Suffer from Workplace Trauma. In: *Personnel Journal*. July, p. 47-50.

Wyatt, Judith and Hare, Chauncey. 1997. *Work Abuse. How to Recognize and Survive It*. Rochester, Vermont: Schenkman Books, Inc.

Yamada, David C. 2000. The Phenomenon of "Workplace Bullying" and the Need for Status-Blind Hostile Work Environment Protection. *The Georgetown Law Journal*, Vol. 88, Number 3, 475-536.

Zapf, Dieter and Leymann, Heinz, Eds. 1996. Mobbing and Victimization at Work. *European Journal of Work and Organizational Psychology*. Vol. 5, Number 2.

Moats Kennedy, Marilyn. 1985. *Office Warfare. Strategies for Getting Ahead in the Aggressive '80's*. New York: MacMillan Publishing Company.

Namie, Gary and Namie, Ruth. 2000. *The Bully at Work. What You Can Do to Stop the Hurt and Reclaim Your Dignity on the Job*. Naperville, IL: Sourcebooks, Inc.

Niedl, Klaus. 1995. *Mobbing/Bullying am Arbeitsplatz. Eine empirische Analyse zum Phaenomen sowie zu personalwirtschaftlich relevanten Effekten von systematischen Feindseligkeiten*. Muenchen und Mering: Rainer Hampp Verlag.

Neuman, Joel H. and Baron, Robert A. 1997. Aggression in the Workplace. In: R.A. GiacaPone and J. Greengerg (Eds.). *Antisocial Behaviors in Organizations*. Thousand Oaks, CA: Sage.

Peck, M. Scott. 1998. *People of the Lie. The Hope for Healing Human Evil*. New York: Touchstone.

Price Spratlen, Lois. 1995. Interpersonal Conflict Which Includes Mistreatment in a University Workplace. In: *Violence and Victims*, Vol. 10, No.4, 1995, 285-297.

Randall, Peter. 1997. *Adult Bullying. Perpetrators and Victims*. New York: Routledge.

Rayner, Charlotte. 1997. The Incidence of Workplace Bullying. In: *Journal of Community & Applied Social Psychology*, Vol. 7, 199-208.

Rayner, Charlotte; Hoel, Helge. 1997. A Summary Review of Literature Relating to Workplace Bullying. In: *Journal of Community & Applied Social Psychology*, Vol. 7, 181-191.

Rayner, Charlotte; Hoel, Helge, and Cooper, Cary L. 2001. *Workplace Bullying: What We Know, Who Is to Blame, and What Can We Do?* London: Taylor & Francis.

Ryan, Kathleen D. and Oestreich, Daniel K. 1991. *Driving Fear out of the Workplace. How to Overcome the Invisible Barriers to Quality, Productivity, and Innovation*. San Francisco: Jossey-Bass Publishers.

Sack, Steven Mitchell. 1998. *The Working Woman's Legal Survival Guide*. Paramus, NJ: Prentice Hall Press.

Schulze, Sigrid. 1996. *Konfliktzone Buero. Der Anti-Mobbing-Ratgeber*. Muenchen: Humboldt-Taschenbuchverlag.

Keashly, Loraleigh. 1998. Emotional Abuse in the Workplace: Conceptual and Empirical Issues. In: *Journal of Emotional Abuse*, Vol. 1 (1) 1998, p. 85-117.

Laabs, Jennifer J. 1992. HR's Vital Role at Levi Strauss. In: *Personnel Journal*, December, 1992, Vol.71, No.12.

Leymann, Heinz. 1990. Mobbing and Psychological Terror at Workplaces. In: *Violence and Victims*. Vol. 5, No. 2.

Leymann, Heinz. 1993. *Mobbing. Psychoterror am Arbeitsplatz und wie man sich dagegen wehren kann*. Hamburg: Rowohlt Taschenbuch Verlag GmbH.

Leymann, Heinz (Ed.). 1995. *Der neue Mobbing Bericht. Erfahrungen und Initiativen, Auswege und Hilfsangebote*. Hamburg: Rowohlt Taschenbuch Verlag GmbH.

Leymann, Heinz. 1996. The Content and Development of Mobbing at Work. In: *European Journal of Work and Organizational Psychology, 5 (2)*.

Leymann, Heinz, and Gustafsson, Anneli. 1996. Mobbing at Work and the Development of Post-traumatic Stress Disorders. In: *European Journal of Work and Organizational Psychology., 5 (2)*.

Leymann, Heinz. 1997. *The Mobbing Encyclopaedia*. Internet Resource.

Leymann, Heinz, and Gustafsson, Annelie, 1998. Suicides Due to *Mobbing/Bullying—About Nurses' High Risks in the Labour Market*. Geneva: WHO (World Health Organization) Internal Report. (The Swedish original is published by Nordstedts Juridiska in Stockholm, 1998.)

Lorenz, Konrad, 1963. *Das sogennante Boese*. Wien: Dr. G. Borotha-Schoeler Verlag.

Lorenz, Konrad, 1991. *Here am I - Where are You? The Behavior of the Greylag Goose*. New York: Harcourt Brace Jovanovich.

Maccoby, Michael. 2000. Narcissistic Leaders: The Incredible Pros, the Inevitable Cons. *Harvard Business Review*, Vol. 78, Number 1, 68-77.

Mahoney, Stanley C. 1967. *The Art of Helping People Effectively*. New York: Association Press.

Marais, Susan and Herman, Magriet. 1997. *Corporate Hyenas at Work! How to Spot and Outwit Them by Being Hyenawise*. Pretoria: Kagiso Publishers.

Cousins, Norman. 1979. *Anatomy of an Illness as Perceived by the Patient*. New York: W. W. Norton & Company.

Covey, Stephen R. 1989. *The Seven Habits of Highly Effective People. Powerful Lessons on Personal Change*. New York: Fireside.

Denenberg, Richard V., Braverman, Mark. 1999. *The Violence-Prone Workplace: A New Approach to Dealing with Hostile, Threatening, and Uncivil Behavior*. Cornell University Press.

Einarsen, Ståle; Rakens, Bjorn Inge. 1997. Harassment in the Workplace and the Victimization of Men. In: *Violence and Victims*, Vol. 12, No.3, 247-263.

Field, Tim. 1996. *Bully in Sight. How to Predict, Resist, Challenge and Combat Workplace Bullying. Overcoming the Silence and Denial by which Abuse Thrives*. Oxfordshire: Success Unlimited.

Golden, Thomas R. 1996. *Swallowed by a Snake: The Gift of the Masculine Side of Healing*. Gaithersburg, MD: Golden Healing Publishing LLC.

Goleman, Daniel. 1995. *Emotional Intelligence*. New York: Bantam Books.

Goleman, Daniel. 1998. *Working with Emotional Intelligence*. New York: Bantam Books.

Gray, John, 1992. *Men Are from Mars, Women Are from Venus*. New York: HarperCollins Publishers.

Grund, Uwe. 1995. Wenn die Hemmschwellen sinken. Die Aufgabe der Gewerkschaften: Aufklaerung und Praevention. In: Leymann, Heinz (Ed.). *Der neue Mobbing Bericht. Erfahrungen und Initiativen, Auswege und Hilfsangebote*. Hamburg: RowohltTaschenbuch Verlag GmbH.

Hall, Francine, S. 1991. Dysfunctional Managers. The Next Human Resource Challenge. In: *Organizational Dynamics*. Autumn, 1991.

Hirigoyen, Marie France. 2000. *Stalking the Soul. Emotional Abuse and the Erosion of Identity*. New York, Helen Marx Books.

Hoel, Helge; Rayner, Charlotte; Cooper, Cary L. 1999. Workplace Bullying. In: *International Review of Industrial and Organizational Psychology*. Vol. 14, p. 195-230.

Hornstein, Harvey A. 1996. *Brutal Bosses and their Prey. How to Identify and Overcome Abuse in the Workplace*. New York: Riverhead Books.

・〜・参考文献・〜・

Adams, Andrea with Neil Crawford. 1992. *Bullying at Work: How to Confront and Overcome It*. London: Virago Press.

Amason, Allen C. and Hochwarter, Wayne A., et al. 1995. Conflict: An Important Dimension in Successful Management Teams. In: *Organizational Dynamics*. Autumn, 1995.

Atkins, Gary L. Behavioral Risk Management: A New Opportunity for EAP Growth and Development. In: *EAPA Exchange*, May/June 1997, vol.27, no. 3, p. 15.

Autry, James A. 1992. *Love and Profit. The Art of Caring Leadership*. New York: Avon Books.

Bassman, Emily S. 1992. *Abuse in the Workplace; Management Remedies and Bottom Line Impact*. Westport, Connecticut: Quorum Book.

Baumeister, Roy F., Smart, Laura; Boden, Joseph M.; 1996. Relation of Threatened Egotism to Violence and Agression: The Dark Side of High Self-Esteem. In: *Psychological Review*, 1996, Vol. 103, No. 1, 5-33.

Bennett, Mark W.; Polden, Donald J; Rubin, Howard J. 1998. *Employment Relationships; Law and Practice*. New York, Aspen Law & Business.

Beasley, John; Rayner, Charlottte. 1997. Bullying at Work. After Andrea Adams. In: *Journal of Community & Applied Social Psychology*, Vol. 7, 177-180 (1997).

Brodsky, Carroll M. 1976. *The Harassed Worker*. Lexington, MA: D.C. Heath and Company.

Burns, David D. 1990. *The Feeling Good Handbook*. New York: A Plume Book/Penguins Books.

Butler, Gillian; Hope, Tony. 1995. *Managing Your Mind. The Mental Fitness Guide*. New York: Oxford University Press.

Chappell, Duncan; Di Martino, Vittorio. 1998. *Violence at Work*, Geneva: International Labour Office.

Cliff, Hakim. 1994. *We Are All Self-Employed. The New Social Contract for Working in a Changing World*. San Francisco: Berrett-Koehler Publishers, Inc.

Cortina, Lilia M. et al. 2001. Incivility in the Workplace: Incidence and Impact. *Journal of Occupational Health Psychology*. Vol. 6, No. 1, 64-80.

［イラストレーター略歴］

ザブラ・ヴィダーリ（Sabra Vidali）

スイス生れ。アメリカ合衆国で成長し、イタリア、フィレンツェで美術を学ぶ。現在もフィレンツェ在住。フリーのイラストレーターおよび翻訳家。

［訳者略歴］（50音順）

小川　晴夫（おがわ　はるお）

1939年兵庫県生れ。民間会社を定年退職。奈良県在住。

沖津　和也（おきつ　かずや）

1940年和歌山県生れ。民間会社を定年退職し、現在は観光ボランティア英語ガイド。趣味は、クラシック音楽、歴史散策、数学、カメラ、コンピュータ、読書、語学（フランス語、ドイツ語、中国語、インドネシア語）。奈良県在住。

金井　茂子（かない　しげこ）

1943年三重県生れ。英会話サークルに参加。趣味は、英会話、園芸、音楽鑑賞。奈良県在住。

孤杉　祐美（こすぎ　ゆみ）

1973年奈良県生れ。現在も奈良県に在住。

箱田　徹（はこだ　てつ）

1976年千葉県生れ。神戸大学大学院博士後期課程在籍。兵庫県在住。

横山　絹子（よこやま　きぬこ）

1955年静岡県生れ。英語教室講師、元高等専修学校講師。趣味は、読書、園芸、音楽鑑賞、映画鑑賞。奈良県在住。

吉田　麻紀（よしだ　まき）

1967年奈良県生れ。1993年ウィスコンシン大学卒業。オンラインショップ運営。趣味は、映画鑑賞、読書。奈良県在住。

［著者略歴］

ノア・ダベンポート（Noa Davenport）　写真右

博士。スイス生れ。文化人類学者。高等教育と経営の分野における研究機関、行政、非営利組織に関して、国際的に研究を行なっている。現在、アイオワ州立大学非常勤助教授、およびアイオワ州オスカローザにあるウイリアム・ペン大学の社会人コースで教鞭をとっている。紛争解決のための教育をおこなうＤＮＺ教育コンサルタント会社社長でもある。ＤＮＺ社の使命は、「文化と労働環境に寄与し、全人類の尊厳、高潔さ、創造性を重んじること」である。より詳しい情報は、インターネットホームページwww.dnztraininginternational.com.で見ることができる。

ルース・ディスラー・シュワルツ（Ruth Distler Schwartz）写真中央

理系修士。高等教育と健康管理分野の非営利組織において管理運営に永年携わってきた。管理職および専門職における能力開発プログラムを作り出した。『自分の権利を知ろう（Know Your Rights）』の編集者。経営コンサルタント会社、Ｒ・Ａ・シュワルツ＆アソシエイツ社社長。現在、アイオワ州デモイン在住。

ゲイル・パーセル・エリオット（Gail Pursell Elliott）　写真左

人事および教育コンサルタント。新しいものを積極的に取り入れるCan Do手法でのトレーニングを行ない、教本も書いている。目的は、「洞察力と認識力によって、人々の間に、お互いへの尊敬と理解を高める」ことである。国から認証を受けた、コミュニケーションと行動管理のトレーナーであり、20年以上の経験がある。

職場《しょくば》いびり
―アメリカの現場から―

2002年10月1日　初版第1刷発行　定価2400円＋税

著　者　ノア・ダベンポート、ルース・ディスラー・シュワルツ、
　　　　ゲイル・パーセル・エリオット
訳　者　アカデミックNPO　監訳
発行者　高須次郎©
発行所　緑風出版
〒113-0033　東京都文京区本郷2-17-5　ツイン壱岐坂
［電話］03-3812-9420　［FAX］03-3812-7262
［E-mail］info@ryokufu.com
［郵便振替］00100-9-30776
［URL］http://www.ryokufu.com/

装　幀　堀内朝彦
写　植　R 企 画
印　刷　モリモト印刷　巣鴨美術印刷
製　本　トキワ製本所
用　紙　大宝紙業　E2000

Printed in Japan　ISBN4-8461-0214-9　C0034